재개발 재건축
마스터 로드맵

재개발 재건축 마스터 로드맵

내 집의 가치를 결정하는 16단계의 비밀

구찬림, 이강용, 이욱재, 이인영 지음

매일경제신문사

안개 속 정비사업,
방향을 제시할 명확한 '지도'가 필요하다

우리가 매일 눈을 뜨고 생활하는 '집'은 단순한 건물을 넘어 삶의 터전이자 소중한 재산이다. 시간이 흘러 집이 낡고 동네가 노후화되면, 우리는 '재개발'이나 '재건축'이라는 피할 수 없는 변화를 마주하게 된다.

하지만 그 변화의 과정은 절대 만만치 않다. 신문 기사와 법조문에는 '도시정비법', '관리처분', '비례율' 같은 낯선 용어들이 쏟아지고, 수천 장에 달하는 관련 서류와 복잡한 절차 앞에 서면 베테랑 실무자조차 길을 잃기 일쑤다. 시중에는 이미 방대한 법 이론과 판례를 다룬 학술서, 혹은 재테크 관점에서만 서술된 투자 지침서들이 나와 있다. 그러나 법학을 전공하지 않은 일반인들에게 이러한 서적은 여전히 안개 속을 걷는 것과 같을지도 모른다. 반면, 너무 쉽게만 쓰인 책은 읽기는 편하지만, 실제 심화 학습을 위한 법적 근거로 연결되지 못해, 정작 중요한 결정의 순간에는 한계를 드러내기 마련이다.

이 책은 바로 그 안개를 걷어내고, 이론과 실무 사이의 끊어진 다리를 이어준다. 이를 위해 우리 저자들은 조금 특별한 팀을 꾸렸다. 대학에서 정비사업의 법적 논리와 학술적 토대를 강의하는 부동산학 교수, 20년이라는 긴 시간 동안 현장을 누비며 수많은 성공과 실패를 목격한 실무 전문가, 그리고 지금, 이 순간에도 현장에서 자금 조달과 컨설팅을 주도하는 금융 전문가까지 총 4명의 드림팀이 머리를 맞댔다.

우리의 목표는 명확하다. 학술적인 엄밀함으로 사업의 이론적 뼈대를 세우고, 현장의 노하우로 살을 붙여, 독자들이 이 책 한 권만으로도 '정비사업'이라는 거대한 지도를 완벽히 읽어낼 수 있도록 돕는 것이다. 우리는 이 책을 집필하며 3가지 원칙을 세웠다.

첫째, 가장 쉬운 언어로 재개발·재건축의 본질을 꿰뚫는 것이다. 방대한 정비사업의 절차를 한 문장으로 압축한 '조사관 철준이(정·추·조·사·관·철·준·이)' 암기법은 그 고민의 산물이다. 머리 아픈 법률 용어 대신, 누구나 고개를 끄덕일 수 있는 논리적 흐름으로 정비사업의 전 과정을 풀어냈다.

둘째, 이론과 현장의 완벽한 조화다. 대학교수의 정교한 이론적 토대 위에, 20년 차 전문가의 통찰과 현직 실무자들의 생생한 팁을 얹었다. 로열동을 고르는 안목부터 관리처분계획인가의 숨은 공식까지, 시중의 이론서에서는 찾아보기 어려운 '진짜 정보'를 담았다.

셋째, 변화하는 시대의 기준을 담는 것이다. 2025년 이후, 정비사업의 환경은 그 어느 때보다 빠르게 변하고 있다. 재건축 조합설립을 위한 동의 요건 완화, 재건축진단(구 재건축 안전진단), 통합심의제도의 도입과 조합 임원 윤리 교육 의무화 등 최신 개정 법령을 완벽히 반영해, 독자들이 낡은 정보에 휘둘리지 않도록 든든한 방패막이가 되고자 한다.

이에 따라 장별 내용의 구성은 법리에 대한 쉬운 설명, 독자들이 자주 묻는 Q&A, 20년 차 전문가의 실무 통찰(조언) 및 Law &

Insight(핵심적인 법령의 확인) 파트로 구성했다.

이 책은 단순히 지식을 전달하는 도구가 아니다. 여러분의 소중한 재산을 지키고, 더 나은 주거 환경으로 나아가는 길에 동행하는 내비게이션이다. 내 집의 변화를 앞둔 조합원들에게는 든든한 지침서, 부동산 관련 분야를 공부하는 학생들에게는 가장 실무적인 교과서가 되길 바란다. 책장을 덮을 즈음에는 여러분은 더 이상 재개발·재건축이 막연하고 두렵지 않을 것이다. 오히려 유능한 '조사관'처럼 꼼꼼하게 사업을 살피고, '철준이'처럼 활기차게 새집으로의 이사를 준비하는 자신을 발견하게 될 것이다.

여러분의 성공적인 정비사업과 행복한 입주를 진심으로 응원한다.

구찬림, 이강용, 이욱재, 이인영

마법의 암기법
: 정·추·조·사·관·철·준·이(조사관 철준이 학습 가이드)

일반인이나 비전공 학생들이 정비사업의 복잡한 절차를 암기할 때 가장 효과적인 방법은 스토리를 결합해 특정 주문을 외우는 것이다.
그럼, 지금부터 주문처럼 외우는 암기법을 소개한다.

▶ 암기 요령 : 정말로 추천하는 조사관 철준이!
단순히 앞 글자만 따는 것이 아니라, **'철준이'라는 유능한 조사관**을 주인공으로 한 짧은 문장을 기억하게 한다.

1. 암기 문장
'정(말로) 추(천하는) 조사관 철준이!'

2. 절차 매칭(정-추-조-사-관-철-준-이)

구분	암기 글자	실제 절차 명칭	의미 연결
준비	정	**정**비구역 지정	**정**말로(사업의 시작)
추진	추	**추**진위원회 구성	**추**천하는(추진위 결성)
인허가	조	**조**합설립인가	**조**사관(조합이 설립되어)
인허가	사	**사**업시행계획인가	**조사**관(사업을 조사·계획하고)
배분	관	**관**리처분계획인가	**조사관**(자산배분 관리/정산)
실행	철	**철**거 및 착공	**철**준이(건물을 철거하고)
완료	준	**준**공인가	**철준**이(준공 검사를 마치고)
종료	이	**이**전고시	**철준이**(소유권을 이전함)

▶ 학생들을 위한 추가 스토리텔링 가이드

글자만 외우면 금방 잊을 수 있기에, 다음과 같은 **'3단계 덩어리'** 개념을 함께 이해하라.

1. [정-추] : 사업 준비 단계
- **정**비구역이 정해져야 **추**진위원회가 생긴다.

2. [조-사-관] : 종이(서류) 전쟁 단계
- **조**합이 생겨서, **사**업계획을 짜고, **관**리처분(돈 계산)을 한다.
- 이 세 단계가 정비사업의 핵심 '인허가'다.
- 그래서 유능한 **'조사관'**이 필요하다.

3. [철-준-이] : 현장 공사 단계
- **철**거하고 **준**공해서 새집으로 **이**사(이전고시) 간다.
- **'철준이'**가 공사를 마무리하고 열쇠를 주는 장면을 상상하자.

(출처 : Gemini)

정비사업 서바이벌 키트
: 핵심 용어 사전

정비사업의 법령과 현장은 생소한 용어들로 가득하다. 하지만 이 단어들의 벽만 넘으면 복잡한 절차가 한눈에 들어오기 시작한다. 따라서 이 책은 단순한 사전 나열 방식이 아니라, 정비사업의 흐름에 따라 꼭 알아야 할 핵심 용어들을 **관계 중심**으로 배치해 첫 장부터 독자의 몰입도를 높이도록 정리했다.

1. 정비사업의 정체성 : 우리는 무엇을 하는가?

- **정비구역** : 정비사업을 계획적으로 시행하기 위해 법적으로 지정된 구역이다. 이 선 하나에 수조 원의 가치가 결정된다.
- **재개발사업** : **노후 건축물**이 밀집되어 있는 곳뿐만 아니라, 도로, 상하수도 같은 **기반시설이 열악**한 곳에서 동네 전체를 새로 짜는 사업이다.
- **재건축사업** : 기반시설은 양호하지만, **건물만 낡은** 아파트 단지 등에서 집만 새로 짓는 사업이다. 사적 이익의 성격이 강하다.
- **노후·불량건축물** : 단순히 낡은 집이 아니라, 안전사고 위험이 있거나 내진 성능이 부족해 효율성이 떨어진다고 법이 인정한

건축물이다.

- **정비기반시설** : 도로, 상하수도, 공원, 공용 주차장 등 공적 목적을 위해 주로 국가나 지자체가 관리하는 시설이다.

2. 정비사업의 주인공 : 누가 참여하는가?

- **사업시행자** : 정비사업시행자는 대표적으로 토지등소유자가 설립한 조합이지만, 법령에 따라 다양한 주체들이 사업시행자로 지정될 수 있다. 예컨대, 지방자치단체, 공공기관(LH, SH 등) 및 신탁회사 등이 있다.

- **토지등소유자** : 정비구역 안에 땅이나 건물을 가진 사람이다(재건축은 건축물과 그 부속 토지를 동시에 가진 사람만 해당).

- **조합원** : 토지등소유자 중 조합설립에 **동의**해 사업에 직접 참여하는 주체다. 새 아파트를 받을 권리를 가진다.

- **정비사업전문관리업자(정비업체)** : 조합의 정비사업에 대한 전문성을 메워주는 실무 파트너다. 행정 절차와 기술적 자문 등을 담당한다.

3. 정비사업의 언어 : 무엇을 짓고 얼마나 남는가?

용어	쉬운 풀이	전문가의 한마디
건폐율	대지면적 대비 건물이 차지하는 바닥 면적	'단지가 얼마나 쾌적한가'의 척도다.
용적률	대지면적 대비 건물 전체 층 면적의 합계	'얼마나 높이, 많이 짓는가'인 사업성의 핵심이다.
기부채납	인허가를 받는 대신 땅의 일부를 도로·공원 등으로 기부	용적률 상향을 위해 조합이 지불하는 '통행세'와 같다.

4. 돈의 언어 : 내 재산은 얼마인가?

다음의 세 단어는 세트로 기억해야 한다.

① **감정평가액** : 국가가 공인한 내 땅과 헌 집의 현재 가치다.

② **비례율** : 정비사업을 통해 발생하는 개발 이익률이다(100% 이상이면 수익 발생).

③ **권리가액** : 내 재산의 최종 실질 가치다(권리가액 = 감정평가액 × 비례율).

- **분담금** : 내가 받을 새 아파트 분양가에서 내 권리가액을 뺀 금액이다. 즉, 추가로 내야 할 돈을 말한다. 이의 반대 개념은 환급금이다.
- **현금청산** : 조합원이 되길 포기하거나 자격이 안 되는 사람에게 현금으로 보상하고 내보내는 절차다.

| 독서 가이드 |

처음부터 이 단어들을 모두 외울 필요는 없다. 읽다가 막힐 때마다 이 페이지로 돌아오자. 자주 찾아오길 바란다. 특히 **'재개발'**과 **'재건축'**, **'사업시행'**과 **'관리처분'**의 차이만 명확히 구분해도 이 책의 절반을 이해한 것이나 마찬가지다.

그럼 '조사관 철준이'와 함께 본격적인 재개발·재건축 여행을 떠나 보자!

제1부

항해 준비
: 사업의 목적지와 경로 설정

제1장 정비사업 항해의 GPS : 도시정비사업의 추진 절차

도시정비사업은 노후·불량 건축물을 정비하고 주거환경을 개선하기 위해 법이 정한 절차에 따라 단계적으로 진행된다. 집 한 채를 짓는 개인적인 공사와 달리, 수많은 이해관계자가 얽혀 있기 때문에 법적 절차를 엄격히 준수하는 것이 무엇보다 중요하다. 이러한 절차의 전체 과정은 크게 [준비 : 계획 수립] → [시행 주체 구성] → [실행계획 수립] → [공사 및 완료]의 4단계로 구분된다.

1. 계획 수립 단계: 사업의 밑그림 그리기

시·도지사가 도시의 미래상을 담은 도시 및 주거환경정비 기본계획을 먼저 수립한다. 이를 바탕으로 사업구역별 정비계획을 세우고 주민 의견을 듣는 공람 절차를 거친 뒤, 최종적으로 정비구역을 지정 고시한다. 이 단계가 완료되어야 비로소 우리 동네에 새 아파트를 지을 수 있는 공식적인 자격이 부여된다.

2. 시행 주체 구성 단계 : 사업의 참여자 모으기와 대표자 선출

정비구역이 지정되면 사업을 이끌 주체가 모여야 한다. 초기에는 예비 단계인 추진위원회를 구성하며, 이후 법정 동의 요건(주민 동의)을 충족해 조합을 설립한다.

▶ 조합 정관 : 조합설립 시 작성하는 정관은 '조합의 헌법'이다. 향후 운영과 의결의 핵심 규칙이 되므로 매우 신중하게 작성해야 한다. 시·도에서 표준정관을 제시하고 있다.

3. 실행계획 수립 단계 : 설계와 자산 배분

조합이 설립되면 본격적으로 어떤 집을 지을지, 내 재산 가치는 얼마인지를 결정한다.

▶ 사업시행계획인가 : '이런 모양으로 짓겠다'라는 구체적인 건설계획을 행정기관으로부터 승인받는 단계다.

▶ 관리처분계획 : 정비사업의 '꽃'이라 불리는 가장 중요한 과정이다. 내가 가진 기존 주택의 가치를 평가하고, 새 아파트에 들어갈 때 낼 분담금이나 돌려받을 환급금을 최종적으로 확정한다. 재산권과 가장 밀접한 단계이기에 갈등이 가장 많이 발생하는 시기이기도 하다.

4. 공사 및 완료 단계 : 이주와 새집 입주

계획이 확정되면 본격적인 물리적 변화가 일어난다.

▶ 이주와 철거 : 기존 거주자들이 동네를 비워주면 건물을 부수

고 대지를 조성한다.

▶ 착공 및 분양 : 조합원 몫을 제외한 나머지 집을 일반에게 파는 '일반 분양'을 통해 사업 비용을 충당하고 공사를 시작한다.

▶ 이전고시 및 해산 : 입주 후 새집의 소유권을 확정하는 '이전고시'를 거쳐, 마지막으로 조합의 해산 절차를 통해 돈 계산인 '청산'을 마치면 모든 정비사업은 마무리된다.

한눈에 보는 도시정비사업 추진 절차도

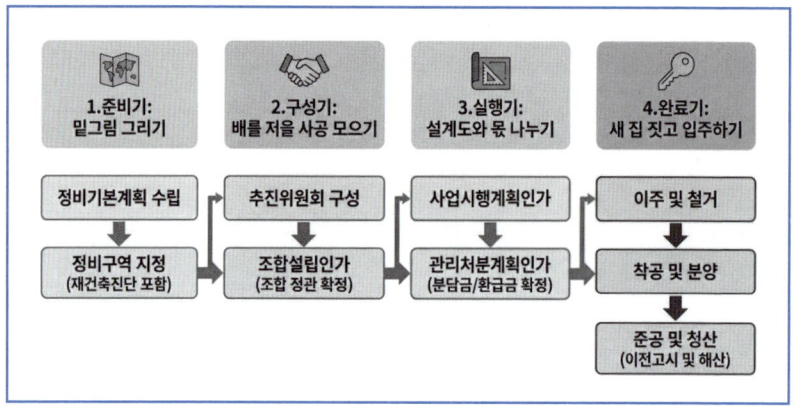

(출처 : Gemini)

Q1. 정비사업은 보통 완공까지 얼마나 걸리나?

A. 정비구역과 시기마다 차이가 크지만, 일반적으로 정비구역 지정부터 입주까지 약 10년 이상이 소요되는 긴 여정이다. 주민 간의 동의가 빠르게 이루어지고 행정 절차가 원활하면 단축될 수 있지만, 이해관계가 충돌하거나 경기가 침체되면 더 길어질 수도 있다. 따라서 정비사업은 '속도'만큼이나 '화합(이해관계의 조정)'이 중요한 사업이다.

Q2. 내 재산 가치가 결정되는 가장 중요한 시점은 언제인가?

A. 앞 페이지의 도시정비사업 추진 절차도상의 '관리처분계획인가' 단계다. 이때 내가 가진 기존 집이나 토지의 감정평가액과 새로 건축되는 아파트의 분양가가 확정되면서, 최종적으로 내가 내야 할 돈(분담금)이나 돌려받을 돈(환급금)이 수치로 나타난다. 내 재산이 걸린 이슈이기에 많은 갈등이 이 시점에 집중되는 이유이기도 하다.

Q3. 사업 도중에 집을 팔고 이사 가도 되나?

A. 원칙적으로는 가능하지만, 투기과열지구와 같은 규제지역에서는 주의해야 한다. 재건축은 조합설립인가 이후, 재개발은 관리처분계획인가 이후에 집을 팔면 매수자가 조합원 자격을 물려받지 못하는 경우가 있다. 이 경우, 매수자가 현금청산 대상이 되어 거래가 성

사되기 어려우므로, 반드시 해당 지역의 규제 여부를 먼저 확인해야 한다. 특히 2025년 10월 15일 투기과열지구가 수도권에 넓게 지정되었기에 유의해야 한다.

정비사업의 추진 절차를 아는 것은 단순히 순서를 외우는 것이 아니라, '내 재산권이 언제, 어떻게 변하는지'를 파악하는 과정이다.

1. **동의율의 엄격성** : 재개발과 재건축은 법적 동의 요건이 다르다. 동의서 징구 과정에서 절차적 하자가 발생하면 향후 조합설립 무효 소송에 휘말려 사업이 수년간 멈출 수 있으므로 주의해야 한다.

2. **정관 작성의 신중함** : 정관은 조합원 간의 약속이다. 비용 부담이나 의결권 등에 관한 사항을 소홀히 다루면 나중에 큰 갈등의 원인이 되므로 반드시 전문가의 검토가 필요하다.

3. **조합원 자격 확인** : 투기과열지구 내 재건축 등 특정 상황에서는 조합원 지위 양도가 제한된다. 매수자가 현금청산 대상이 될 수 있으므로 투자 시점에 매우 유의해야 한다.

법령으로 찾아보는 도시정비사업 추진 절차

단계	근거법령	내용
계획 수립 단계	도시·주거환경정비 기본방침 수립 (제3조)	• 도시·주거환경정비 기본방침 수립권자 : 국토교통부장관
	도시·주거환경정비 기본계획 수립 (제4~6조)	• 도시·주거환경정비기본계획 수립권자 : 특별시장, 광역시장, 특별자치시장, 특별자치도지사 또는 시장
	도시·주거환경정비 기본계획 확정·고시 (제6~7조)	• 기본계획 수립 • 주민 공람 → 지방의회 의견 청취(의견제시) → 관계 행정기관의 장과 협의 → 지방도시계획위원회 심의 → 고시 및 열람 → 국토교통부장관 보고
	정비구역 지정 (제8조)	• 정비구역 지정권자 : 특별시장, 광역시장, 특별자치시장, 특별자치도지사, 시장 또는 군수(광역시 군수는 제외) • 자치구의 구청장 또는 광역시 군수는 특별시장, 광역시장에게 정비구역 지정 신청
	정비계획 결정 및 정비구역 (제15~16조)	• 기초조사 → 정비계획안 작성 → 주민설명회 및 주민공람 → 지방의회 의견 청취 → 지방도시계획위원회 심의 → 정비구역 지정 → 지방자치단체 공보 고시 → 국토교통부장관 보고
시행 주체 구성 단계	조합설립추진위원회 구성 및 승인 (제31조)	• 추진위원회 구성 : 토지등소유자 과반수 동의 • 승인 : 시장·군수 등(특별자치시장, 특별자치도지사, 시장, 군수, 자치구의 구청장)

단계	근거법령	내용
시행 주체 구성 단계	조합설립인가 (제35조)	• 재개발사업 조합설립 동의율 : 토지등소유자 3/4 이상 및 토지면적 1/2 이상 동의 • 재건축사업 조합설립 동의율 : 공동주택 각 동별 구분소유자의 과반수 동의 + 주택단지 전체 구분소유자의 70% 이상 및 토지면적 70% 이상
	시공사 선정 (제29조)	• 기본계획 수립 → 입찰 공고 → 현장 설명회 → 입찰 접수 → 대의원회 의결 → 건설업자 등의 홍보 → 조합원 총회 → 시공사 선정 & 계약 체결
실행 계획 수립 단계	사업시행계획인가 (제50조)	• 사업시행계획서 작성 → 총회 의결(조합원 과반수 동의) → 사업시행계획인가 신청(60일 이내 인가 여부 결정)
	감정평가업자 선정, 종전·종후자산평가 (제74조)	• 재개발사업 : 시장·군수 등이 선정한 2인 이상 감정평가업자 • 재건축사업 : 시장·군수 등이 선정·계약한 1인 이상 감정평가업자와 조합총회의 의결로 선정한 1인 이상 감정평가업자
	토지등소유자 분양신청 (제72조)	• 조합원 분양공고 및 분양신청 : 사업시행계획인가 고시일로부터 90일 이내(30일 연장 가능) 공고사항을 토지등소유자에게 통지하고, 분양 대상 대지 또는 건축물의 내역 등을 일간신문에 공고 • 조합원 분양신청 기간 : 분양신청 통지일로부터 30일 이상 60일 이내(20일 범위 내 한 차례만 연장 가능)
	관리처분계획인가 (제74조, 제45조)	• 관리처분계획 수립 → 관리처분계획총회 • 전체 조합원의 과반수 동의(직접 출석 20%) • 정비사업비 10%(물가 상승분, 손실보상 제외) 이상 증액 시 전체 조합원의 2/3 이상 동의
공사 및 완료 단계	이주 및 철거 (제52조, 제81조)	• 관리처분계획인가 후 이주 개시 공고 및 이주 • 철거업체 선정 및 해체

단계	근거법령	내용
공사 및 완료 단계	착공 및 일반 분양 (건축법 제21조 등)	• 착공 준비 및 착공 신고 • 입주자 모집 승인 및 일반 분양
	준공인가 & 고시 (제83조)	• 준공인가 신청 • 준공인가 신청 전 사용 허가 • 준공인가 및 공사 완료 고시
	토지 분할 및 이전 고시(제86조, 제88조)	• 확정측량 및 토지 분할 • 이전고시 및 등기 촉탁
	조합 해산 및 청산 (제89조)	• 이전고시 후 청산금의 징수 또는 지급 • 법인 해산 및 관련 서류 이관

주) 근거 법령은 도시정비법상의 조문을 의미함.

☞ 법제처 국가법령정보센터 홈페이지(https://law. go.kr)에서 도시정비법에 대한 내용을 참조하자.

정비사업은 '도시정비법'이라는 엄격한 규칙 아래에서만 움직이는 게임이다. 각 단계마다 어떤 법조문이 여러분의 권리를 지키고 있는지, 그 핵심을 짚어보겠다.

1단계 : 계획 수립(지도를 그리는 시간)

정비사업의 시작은 개인이 아닌 국가와 지자체의 큰 그림에서 출발한다. 이 단계의 법령들은 사업의 '정당성'을 부여한다.

- **기본방침 및 기본계획 수립**(제3~7조) : 국토교통부장관과 특별시장 등이 도시의 미래를 설계한다. 주민 공람과 지방의회의 의견 청취 절차가 필수다.
- **정비구역 지정**(제8조, 제15~16조) : 구청장이 시장에게 신청하거나 시장이 직접 지정한다. **주민설명회**를 통해 현장의 목소리를 듣고 지방도시계획위원회의 심의를 거쳐 비로소 사업지가 확정된다.

2단계 : 시행 주체 구성(배를 만드는 시간)

누가 정비사업을 끌고 갈 것인가를 결정하는 단계다. 가장 높은 수준의 '주민 합의'가 요구된다.

- **조합설립추진위원회**(제31~34조) : 정비구역의 토지등소유자 **과**

반수의 동의를 얻어 승인을 받는다. 본격 출발할 정비조합으로 가기 위한 징검다리 역할을 한다.

- **조합설립인가**(제35조) : 가장 강력한 동의 요건이 필요한 구간이다.

  - **재개발** : 토지등소유자 3/4 이상 및 토지면적 1/2 이상의 동의가 필요하다.

  - **재건축** : 각 동별 과반수 동의와 전체 소유자 70% 및 토지면적 70% 이상의 동의가 필요하다. 2025년 5월부터 3/4(75%)에서 70%로 완화되었다.

- **시공사 선정**(제29조) : 입찰과 총회 의결을 통해 건설 파트너를 결정한다. 이에 대한 세부적인 절차는 정비사업 계약업무 처리기준에 따른다.

3단계 : 실행계획 수립(항해를 시작하는 시간)

실제 설계안을 확정하고 내 재산의 가치를 평가받는, 경제적으로 가장 예민한 단계다.

- **사업시행계획인가**(제50조) : 조합원 과반수의 동의로 작성된 계획서를 시장·군수 등이 최종 승인한다.

- **자산평가 및 분양신청**(제72~74조) :

  - **감정평가**(제74조) : 재개발은 시장·군수 등이 선정한 2인 이상의 평가업자가, 재건축은 시장·군수 등이 선정한 1인 이상의 평가업자와 조합 총회 의결로 선정한 1인 이상의 평가업자가 평

가를 맡는다.

- ○ **분양신청**(제72조) : 사업시행계획인가 고시일로부터 **90일 이내**에 공고해야 하며, 신청 기간은 보통 30~60일이다.
- **관리처분계획인가**(제74조, 제45조) : 최종적인 '돈의 설계도'다. 전체 조합원의 과반수 동의(직접 출석 20%)가 필요하며, 정비사업비가 10%(물가 상승분, 손실보상 제외) 이상 증액될 경우, 조합원 2/3 이상의 동의가 필요하다.

4단계 : 공사 및 완료(목적지에 도착하는 시간)

입체적인 물리적 변화가 일어나고 소유권이 새롭게 정립되는 마무리 단계다.

- **이주 및 철거**(제52조, 제81조) : 관리처분계획인가 후 이주를 시작하게 되고, 이주가 완료되면 기존 건축물을 해체한다.
- **착공 및 준공**(제83조) : 착공 후 일반 분양을 거쳐 건물이 완공되면 시장·군수 등의 준공인가를 받는다.
- **이전고시 및 청산**(제86~89조) : 대지확정측량 후 소유권을 확정(이전고시)하고, 남은 돈을 정산(청산)함으로써 정비사업의 대장정이 마무리된다.

제2장

정비사업의 정체성
: 도시정비사업의 개요

1. 도시정비사업, 왜 필요할까?

도시는 생명체와 같아서 시간이 흐르면 노후화가 진행된다. 개발 당시에는 훌륭했던 도로와 기반시설도 수십 년이 지나면 상하수도가 노후되고 주차 공간이 부족해지는 등 물리적·사회적 문제를 앓게 된다. 이를 방치하면 시민의 삶의 질이 떨어질 뿐만 아니라 도시의 경쟁력 자체가 약화된다.

따라서 도시정비사업은 도시라는 생명체가 건강하게 기능을 회복할 수 있도록 돕는 '회복 수술'과 같다. 과거에는 사업별로 근거 법령이 흩어져 있어 혼선이 컸으나, 이를 체계적으로 규율하기 위해 2002년 12월 '도시 및 주거환경정비법(도시정비법)'을 제정했고, 2003년 7월 1일부터 시행하며 통합적인 관리 체계를 갖추게 되었다.

2. 도시정비사업의 체계와 유형

정비사업은 단순히 집을 새로 짓는 것만이 아니다. 정비구역 내의 도로, 공원 같은 '기반시설'을 정비하고, 건축물을 개량하거나 건설하는 모든 과정을 포함한다. 정비사업은 사업 규모와 법령에 따라 크게 다음과 같이 구분할 수 있다.

(1) 대규모 정비사업(도시정비법)

① 주거환경개선사업 : 도시 저소득층이 집단 거주하는 지역으로서 기반시설이 극히 열악한 곳을 대상으로 한다.

② 재개발사업 : 기반시설이 열악하고 노후 건축물이 밀집한 지역의 주거환경을 개선하거나, 상업·공업지역의 상권 활성화를 위해 시행한다.

③ 재건축사업 : 기반시설은 양호하지만 노후된 공동주택(아파트 등)이 밀집한 지역에서 주거환경을 개선하기 위해 시행한다.

2018년 이후 정비사업 변화

	대규모 정비사업 구분				
개정 전	주거환경 개선사업	주거환경 관리사업	주택재개발 사업	도시환경 정비사업	주택재건축 사업
개정 후	주거환경개선사업		재개발사업(주택·도시정비형)		재건축사업

(2) 소규모주택정비사업(소규모주택정비법)

소규모주택정비사업이란, 도심 내 노후된 소규모주택의 주거환경을 개선해 주거생활의 질을 향상시키기 위한 사업으로, 이 사업의 유형은 자율주택정비사업, 가로주택정비사업, 소규모재건축사업 및 소규모재개발사업으로 구분한다.

소규모주택정비사업의 유형과 내용

유형	내용
자율주택정비사업	단독주택, 다세대주택 및 연립주택을 스스로 개량 또는 건설하기 위한 사업
가로주택정비사업	가로구역에서 종전의 가로를 유지하면서 소규모로 주거환경을 개선하기 위한 사업
소규모재건축사업	정비기반시설이 양호한 지역에서 소규모로 공동주택을 재건축하기 위한 사업
소규모재개발사업	역세권 또는 준공업지역에서 소규모로 주거환경 또는 도시환경을 개선하기 위한 사업

[참고] 서울시 모아타운과 모아주택

모아타운은 대규모 개발이 어려운 노후 저층 주거지를 하나의 단위로 묶어 관리하는 '소규모주택정비 관리지역'을 뜻한다. 이곳에서 필지 소유자들이 블록 단위(1,500㎡ 이상)로 모여 아파트를 공동 개발하는 것을 모아주택이라 부른다. 이는 기본적으로 소규모주택정비법과 서울시 관련 조례에 기반한다.

3. 재개발과 재건축의 핵심 차이

재개발과 재건축은 정비사업의 핵심 축이다. 두 사업 모두 노후시설을 정비해 삶의 질을 높인다는 공통점이 있지만, '기반시설 상태'에 따라 결정적인 차이가 발생한다.

(1) 재개발 : 동네 전체를 새로 짜는 사업

재개발은 정비기반시설(도로, 공원, 상하수도 등)이 열악한 지역이 대상이다. 단순히 아파트만 새로 짓는 것이 아니라 낙후된 지역의 인프라를 전면적으로 교체해야 하므로 공공성이 강하고 사업 규모가 크다. 상업·공업지역의 상권 활성화를 위한 도시환경 개선도 포함된다.

(2) 재건축 : 아파트 단지를 새로 짓는 사업

재건축은 도로나 공원 같은 기반시설은 양호하지만, 특정 단지의 공동주택이 낡아 주거환경이 나빠진 경우 진행한다. 재개발에 비해 기반시설을 위한 비용 부담이 적으며, 조합원의 사적 이익과 주거 편의성 개선에 더 집중하는 경향이 있다.

재개발과 재건축의 비교

구분	재개발사업	재건축사업
기반시설	**열악함**(도로 좁고 주차난 심각)	**양호함**(도로·공원 등은 갖춰짐)
적용 대상	단독·다세대·상가·공장 등 다양함	주로 노후 아파트 등 공동주택
사업 성격	**공공성**(마을 전체를 다시 만듦)	**수익성**(주거 질 향상과 자산 가치)
동의 원칙	강제 가입 원칙(공익적 성격)	임의 가입 원칙(사적 권리 중시)

Q1. 소규모 정비사업은 일반 정비사업보다 무조건 좋은 것인가?

A. '빠른 속도'가 장점이지만 '규모의 경제'는 부족할 수 있다. 소규모 사업은 절차가 간소화되어 사업 기간이 짧지만, 대단지 아파트가 주는 커뮤니티시설이나 브랜드 가치, 주변 환경의 획기적인 개선 효과는 대규모 정비사업에 비해 낮을 수 있다. 내 자산의 가치 상승과 주거 환경 중 무엇에 우선순위를 둘 것인지에 따라 판단이 달라진다.

Q2. 재개발은 공공성이 높다고 하는데, 그럼 조합원의 이익은 적어지나?

A. 반드시 그렇지는 않다. 하나의 예로, 재개발은 도로를 넓히거나 공원을 만드는 등 공공에 기여하는 부분이 크기 때문에, 국가에서 용적률 혜택(더 높게 지을 수 있는 권리)을 준다. 이처럼 공공성을 담보로 사업의 수익성을 보전받는 구조이므로 공공성이 높다고 해서 무조건 손해를 보는 것은 아니다.

재개발과 재건축이라는 **정비사업의 성격**(DNA)을 먼저 파악하는 것이 실패하지 않는 투자의 시작이다. 많은 사람이 재개발과 재건축을 단순히 '새 아파트를 짓는 일'로만 생각한다.

하지만 전문가의 입장에서 보면 두 사업은 '**규제의 결**'이 완전히 다르다. 직관적으로 사업 현장에 갔을 때 소방차가 들어오기 힘들 정도로 길이 좁다면, 그곳은 재개발의 영역이다. 반대로 주변 도로는 반듯한데 아파트 담장 안쪽만 낡았다면, 이는 재건축의 영역이다. 이러한 차이를 아는 것만으로도 정비사업의 방향성과 규제의 강도를 예측할 수 있다.

법령으로 찾아보는 도시정비사업 개요

제2조(정의) 이 법에서 사용하는 용어의 뜻은 다음과 같다.

1. "정비구역"이란 정비사업을 계획적으로 시행하기 위해 제16조에 따라 지정·고시된 구역을 말한다.

2. "정비사업"이란 이 법에서 정한 절차에 따라 도시기능을 회복하기 위해 정비구역에서 정비기반시설을 정비하거나 주택 등 건축물을 개량 또는 건설하는 다음 각 목의 사업을 말한다.

   가. 주거환경개선사업 : 도시 저소득 주민이 집단거주하는 지역으로서 **정비기반시설이 극히 열악**(A)하고 노후·불량건축물이 과도하게 밀집한 지역의 주거환경을 개선하거나 단독주택 및 다세대주택이 밀집한 지역에서 정비기반시설과 공동이용시설 확충을 통해 주거환경을 보전·정비·개량하기 위한 사업

   나. 재개발사업 : **정비기반시설이 열악**(B)하고 노후·불량건축물이 밀집한 지역에서 주거환경을 개선하거나 상업지역·공업지역 등에서 도시기능의 회복 및 상권 활성화 등을 위해 도

---

1) 'Law & Insight' 파트에서는 각 장에 해당하는 현행(2026.1.2) 도시정비법의 조문을 제시하면서 주목하고 읽어야 할 지점을 굵은체 음영으로 처리했다. 이에 대해 '[Professional Focus] 이 조문을 읽는 법'에서 자세한 설명을 하는 형식으로 구성한다.

시환경을 개선하기 위한 사업.

이 경우 다음 요건을 모두 갖추어 시행하는 재개발사업을 **"공공재개발사업"**(D)이라 한다.

1) 특별자치시장, 특별자치도지사, 시장, 군수, 자치구의 구청장(이하 "시장·군수 등"이라 한다) 또는 제10호에 따른 토지주택공사 등(조합과 공동으로 시행하는 경우를 포함한다)이 제24조에 따른 주거환경개선사업의 시행자, 제25조 제1항 또는 제26조 제1항에 따른 재개발사업의 시행자나 제28조에 따른 재개발사업의 대행자(이하 "공공재개발사업시행자"라 한다)일 것

2) 건설·공급되는 주택의 전체 세대수 또는 전체 연면적 중 토지등소유자 대상 분양분(제80조에 따른 지분형주택은 제외한다)을 제외한 나머지 주택의 세대수 또는 연면적의 100분의 20 이상 100분의 50 이하의 범위에서 대통령령으로 정하는 기준에 따라 특별시·광역시·특별자치시·도·특별자치도 또는 '지방자치법' 제198조에 따른 서울특별시·광역시 및 특별자치시를 제외한 인구 50만 이상 대도시(이하 "대도시"라 한다)의 조례(이하 "시·도 조례"라 한다)로 정하는 비율 이상을 제80조에 따른 지분형주택, '공공주택 특별법'에 따른 공공임대주택(이하 "공공임대주택"이라 한다) 또는 '민간임대주택에 관한 특별법' 제2조 제4호에 따른 공공지원민간임대주택(이하 "공공지원민간임대주택"이라 한다)으로 건설·공급할 것. 이 경우 주택 수 산정 방법 및 주택 유형별 건설 비율은 대통령령으로 정한다.

다. 재건축사업 : **정비기반시설은 양호**(C)하나 노후·불량건축물에 해당하는 공동주택이 밀집한 지역에서 주거환경을 개선하기 위한 사업. 이 경우 다음 요건을 모두 갖추어 시행하는 재건축사업을 **"공공재건축사업"**(E)이라 한다.

1) 시장·군수 등 또는 토지주택공사 등(조합과 공동으로 시행하는 경우를 포함한다)이 제25조 제2항 또는 제26조 제1항에 따른 재건축사업의 시행자나 제28조 제1항에 따른 재건축사업의 대행자(이하 "공공재건축사업 시행자"라 한다)일 것

2) 종전의 용적률, 토지면적, 기반시설 현황 등을 고려해 대통령령으로 정하는 세대수 이상을 건설·공급할 것. 다만, 제8조 제1항에 따른 정비구역의 지정권자가 '국토의 계획 및 이용에 관한 법률' 제18조에 따른 도시·군기본계획, 토지이용 현황 등 대통령령으로 정하는 불가피한 사유로 해당하는 세대수를 충족할 수 없다고 인정하는 경우에는 그러하지 아니하다.

3. **"노후·불량건축물"**(F)이란 다음 각 목의 어느 하나에 해당하는 건축물을 말한다.

가. 건축물이 훼손되거나 일부가 멸실되어 붕괴, 그 밖의 안전사고의 우려가 있는 건축물

나. 내진 성능이 확보되지 아니한 건축물 중 중대한 기능적 결함 또는 부실 설계·시공으로 구조적 결함 등이 있는 건축물로서 대통령령으로 정하는 건축물

다. 다음의 요건을 모두 충족하는 건축물로서 대통령령으로 정하는 바에 따라 시·도 조례로 정하는 건축물

1) 주변 토지의 이용 상황 등에 비추어 주거환경이 불량한 곳에 위치할 것

2) 건축물을 철거하고 새로운 건축물을 건설하는 경우 건설에 드는 비용과 비교해 효용의 현저한 증가가 예상될 것

라. 도시 미관을 저해하거나 노후화된 건축물로서 대통령령으로 정하는 바에 따라 시·도 조례로 정하는 건축물

4. **"정비기반시설"**(G)이란 도로·상하수도·구거(溝渠 : 도랑)·공원·공용 주차장·공동구('국토의 계획 및 이용에 관한 법률' 제2조 제9호에 따른 공동구를 말한다. 이하 같다), 그 밖에 주민의 생활에 필요한 열·가스 등의 공급시설로서 대통령령으로 정하는 시설을 말한다.

5. **"공동이용시설"**(H)이란 주민이 공동으로 사용하는 놀이터·마을회관·공동작업장, 그 밖에 대통령령으로 정하는 시설을 말한다.

(A), (B), (C) 기반시설 상태에 따른 사업의 분류

정비사업을 분류하는 핵심 기준은 도로, 상하수도, 공원 등 기반시설의 상태다. 기반시설이 양호한데 건물만 낡았다면 사적 이익이 강한 재건축으로, 기반시설까지 열악해 동네 전체를 새로 짜야 한다면 공공성이 가미된 재개발로 분류된다. 이 단어 하나의 차이가 향후 기부채납 비율이나 초과이익 환수 여부를 결정짓는 법적 근거가 된다.

(D), (E) 공공재개발과 공공재건축의 등장

최근 '공공'이라는 수식어가 붙은 사업들이 자주 등장하고 있다. 이는 민간 주도의 속도 한계를 극복하기 위해 공공기관(LH, SH 등)이 시행 주체로 참여해 사업의 전문성을 갖고 원활한 자금 조달 및 일정 관리를 추진하고 있기 때문이다.

공공 정비사업의 핵심은 한편으로는 '용적률 상향'이라는 강력한 인센티브를 주는 대신, 다른 한편으로는 늘어난 면적의 일정 부분을 공공주택(공공임대 및 공공분양)으로 환수해 주택 공급의 공공성을 확보하는 데 있다. 실무자라면 일반 사업과 공공 참여형 사업의 요건, 즉, 공공분양 및 공공임대 세대 수, 건설 비율 등에 대해 법, 시행령, 시행규칙 및 시·도 조례로 이어지는 복잡한 규정을 정확히 이해해 사업성을 판단하는 것이 현명하다.

일반 재개발·재건축과 공공 재개발·재건축 비교

구분	일반 재개발·재건축	공공재개발	공공재건축
용적률	법적상한용적률	법적상한용적률 120%	용도지역 종상향
법적 근거	도시정비법 제54조 제1항	도시정비법 제101조의5 제1항	도시정비법 제101조의6 제1항

(F) 노후·불량건축물

단순히 오래된 건물이 아니다. 안전사고 우려, 내진 성능 미확보, 혹은 철거 후 신축 시 효용이 현저히 증가할 것으로 예상되는 건물 등 법령이 정한 세부 요건을 충족해야 한다.

(G), (H) 정비기반시설 vs 공동이용시설

정비기반시설은 도로, 상하수도, 공원, 공용 주차장 등 공적 목적을 위해 주로 국가나 지자체가 주로 관리하는 시설이다. 이와 유사한 공동이용시설은 놀이터, 마을회관, 공동작업장 등 주민이 공동으로 사용하는 시설이다.

서울시 신속통합기획(신통기획) 가이드

1. 신속통합기획이란? – '정비사업의 패스트트랙'

신속통합기획이란, 서울시가 정비계획 수립 초기 단계부터 개입해 사업성과 공공성의 균형을 맞춘 가이드라인을 제시하고, 복잡한 인허가 절차를 빠르게 통과하도록 돕는 제도다. 신속통합기획은 정책 브랜드이고, 법적 명칭은 정비지원계획이다. 쉽게 예를 들면, 기존에는 주민이 계획을 가져오면 시 당국에서 '수정하라'고 퇴짜를 놓던 방식이었다면, 이제는 시와 주민이 처음부터 머리를 맞대고 '실현 가능한 계획'을 만드는 방식이라고 할 수 있다.

2. 왜 더 빠른가?(절차의 혁신)

기존 정비사업이 구역 지정까지 5년 이상 걸렸다면, **신통기획**은 이를 2년 내외로 단축하는 것을 목표로 한다. 즉, 도시·건축·교통·환경 등 여러 부문의 계획을 통합적으로 수립해 사업 기간을 단축한다. 이를 통해 기존 5년 이상 걸리던 구역 지정 절차를 약 2년으로 대폭 줄이는 것을 목표로 한다. 또한 유연하게 규칙을 적용한다. 예컨대, 일률적인 '35층 높이 제한' 등을 폐지하고 주변 경관에 맞춰 층수를 높일 수 있게 해 사업성을 높여준다.

3. 신속통합기획 vs 다른 사업 비교

구분	신속통합기획	공공재개발/공공재건축	모아타운
주체	민간(조합)	민간(조합) 또는 민간과 공공(LH,SH 등) 공동	민간(소규모 연합)
규모	대규모 단지	대규모 단지	소규모 필지 통합
특징	행정 절차만 공공이 지원	공공이 직접 시행자로 참여	가로주택정비사업의 확장판

4. 실무적 변화 : 조합의 역할이 바뀐다

신통기획은 단순히 시간만 줄이는 것이 아니라 조합의 운영 방식에도 큰 변화를 가져온다.

(1) 추진위원회 단계 생략

추진위원회를 구성하지 않고 바로 조합을 설립할 수 있다(조합직접설립제도 활용). 이는 사업 기간을 약 2년 이상 획기적으로 줄이는 무기가 된다.

(2) 공사비 갈등의 중재자

시가 공사비 검증 제도를 적극적으로 활용하도록 유도해, 최근 재건축 시장의 가장 큰 골칫거리인 건설사의 과도한 공사비 증액에 대해 조합이 협상력을 가질 수 있게 돕는다.

5. 주의할 점

(1) 세상에 공짜 점심은 없다

신통기획은 용적률을 높여주는 대신, 늘어난 면적의 일부를 임대주택이나 공공시설(도서관, 도로 등)로 내놓아야 하는 기부채납의 부담이 커질 수 있다.

(2) 재산권 행사의 제약

신통기획 후보지로 선정되면 해당 구역은 토지거래허가구역으로 지정되는 경우가 있다. 이러한 경우에 실거주자가 아니면 집을 사기 어렵고 팔기도 까다로워져 일시적으로 거래가 얼어붙을 수 있다.

신속통합기획의 핵심 단어는 '균형'과 '협상'이다. 서울시라는 인허가권자가 초기에 가이드라인을 준다는 것은, 나중에 큰 수정을 할 필요가 없다는 뜻이기도 하지만, 시가 원하는 '공공성'을 일정 부분 수용해야 한다는 의미이기도 하다. 결국, '조합이 얼마나 영리하게 사업성과 공공기여 사이의 협상을 잘하느냐'가 성공의 핵심이다.

신속통합기획과 민간 정비사업 추진도 비교

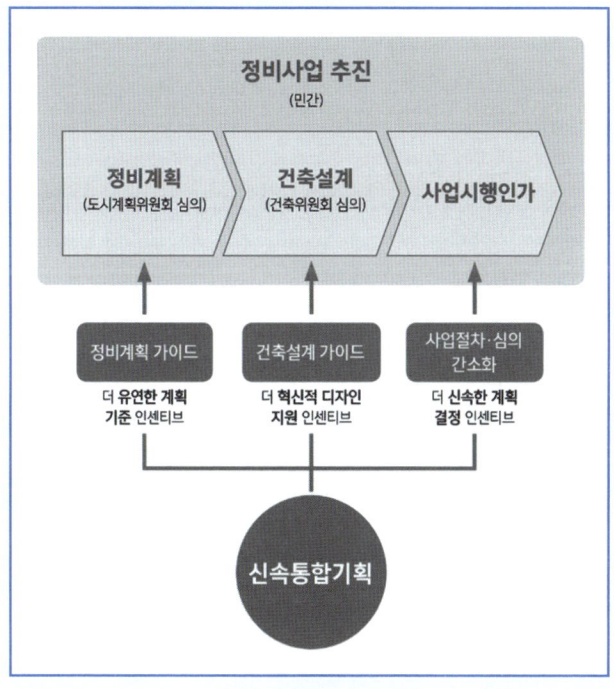

(출처 : 정비사업 정보몽땅(https ://cleanup.seoul.go.kr))

제2부

주체의 탄생
: 사업을 이끌어갈 엔진 만들기

제3장 사업의 '공식적인 시작' : 정비계획 수립과 구역 지정

1. 정비계획과 정비구역 : '무엇을 지을지, 어디에 지을지'

정비사업이라는 대장정을 시작하려면 먼저 우리 동네의 범위를 확정하고, 그 안에 어떤 그림을 그릴지 구체적으로 정해야 한다. 이 둘은 바늘과 실처럼 하나의 패키지로 움직인다.

- **정비계획**(What) : '이 땅에 몇 층짜리 아파트를, 어떤 모양으로 짓겠다'라는 **구체적인 설계 지침**이다(명칭, 면적, 건폐율, 용적률 등 포함).
- **정비구역**(Where) : '여기서부터 여기까지가 사업지다'라고 선을 긋는 **공식적인 테두리**다. 이 선 안으로 들어와야만 비로소 조합원이 될 수 있고, 새 아파트를 받을 권리가 생긴다.

2. 누가 신청하고, 누가 결정하나?(입안권자와 지정권자)

정비사업은 도시 전체의 흐름을 바꾸는 일이라, 법은 그 역할을 엄격히 분담하고 있다. 여기서 '계획을 짜는 사람(입안권자)'과 '최종 승인을 하는 사람(지정권자)'의 역할 분담이 중요하다.

서울시를 예로 들면, 구청장(입안권자)이 계획을 세워 서울시장(지정권자)에게 가져가면, 서울시장이 최종 도장을 찍어(지정)주는 구조다. 다만, 시장이 필요하다고 판단하면 직접 계획을 세울 수도 있다.

정비구역 입안권자와 지정권자의 비교

구분	주체	역할
입안권자 (신청)	자치구의 구청장(특별시, 광역시) 또는 광역시의 군수, 특별자치시장, 특별자치도지사, 시장, 군수	계획을 수립해 지정권자에게 지정을 신청하는 실무자
지정권자 (결정)	특별시장·광역시장·특별자치시장·특별자치도지사·시장 또는 군수(광역시의 군수는 제외)	최종적으로 구역을 확정하고 고시하는 결정권자

3. 우리 동네도 정비구역이 될 수 있을까?

정비구역 지정은 '낡았다'라는 주관적인 느낌만으로는 불가능하다. 법이 정한 **노후도**와 **면적**이라는 객관적인 문턱을 넘어야 한다.

▶ **주요 지정 요건 요약**

- **재개발사업 :** 정비기반시설(도로 등)이 열악하고, 노후·불량 건축물 수가 전체의 **60% 이상**일 것
- **재건축사업 :** 도로는 양호하나 건물이 낡은 경우, **200세대 이**

상 또는 부지 면적 **1만㎡ 이상**인 지역 중 재건축진단 결과, 재건축 판정을 받은 곳

4. 사업의 물꼬를 트는 2가지 도구 : 입안 '요청' vs 입안 '제안'

정비구역을 지정하는 행정청이 움직이기를 마냥 기다릴 수만은 없는 동네 주민들을 위해 법은 2가지 강력한 무기를 제공한다. 신속한 사업 추진을 위해 이 두 제도의 차이를 이해하는 것이 필수다.

(1) 정비계획의 입안 요청(민원형)

정비계획의 입안 요청은 직관적으로 민원형이라고 할 수 있다. 도시정비법 제13조의2에 근거한 이 제도는 주택 등을 가진 주민들이나 추진위원회가 '우리 지역에 정비계획을 세워달라'라고 요구하는 방식이다.

- **핵심 특징** : 주민이 직접 복잡한 설계도(계획안)를 그릴 필요가 없다. 정비계획 수립의 필요성만 잘 설득하면, 구체적인 계획은 지자체가 예산을 들여 용역을 통해 수립한다.
- **장점** : 낮은 동의율(예 : 서울시의 경우 30% 이상)로도 시작할 수 있어 사업의 문턱이 낮다.

(2) 정비계획의 입안 제안(맞춤형)

"우리는 이런 아파트를 짓고 싶으니, 이 설계도대로 인가해주세요!"라고 제안하는 방식이다.

- **핵심 특징** : 주민들이 사비를 들여 용역업체를 선정하고 구체적인 계획안(도서)을 직접 만들어 제출해야 한다.
- **장점** : 주민들의 의견이 설계에 직접 반영될 가능성이 매우 크다.

한눈에 비교하는 입안 요청 vs 입안 제안

구분	정비계획의 입안 요청	정비계획의 입안 제안
주체	토지등소유자 또는 추진위원회	토지등소유자 또는 추진위원회
역할	계획 수립의 **필요성 제기** 및 요구	계획(안)을 **직접 작성**해 제안
준비물	수립 요청서, 구역계(안), 동의서	구체적인 계획 도서, 기초조사서 등
동의율	일반적으로 낮음(예 : 서울시의 경우, 30% 이상)	일반적으로 높음(예 : 서울시의 경우, 토지등소유자의 50% 이상 및 토지면적의 2분의 1이상의 동의)
장점	낮은 동의율로 **사업 시작 용이**	주민 의견의 **적극적 반영** 가능
단점	**행정청의 의도**대로 수립될 가능성 큼	주민들의 준비 부담(비용, 전문성)이 큼

Q1. 정비계획에 잡힌 아파트 층수나 용적률은 나중에 바꿀 수 있나?

A. 가능하다. 이를 '정비계획 변경'이라고 한다. 사업을 진행하다 보면 트렌드가 변하거나(예 : 펜트하우스나 커뮤니티시설 추가), 법령이 완화되어 층수를 더 높일 수 있는 경우가 생긴다. 다만, 계획을 크게 바꾸려면 주민 공람과 심의 절차를 다시 거쳐야 하므로 사업 기간이 **6개월에서 1년 이상** 늘어날 수 있다는 점을 감안해야 한다.

Q2. 입안 제안을 할 때 들어가는 용역비는 나중에 돌려받을 수 있나?

A. 원칙적으로는 그렇다. 사업 초기에 뜻 있는 주민들이 사비를 털어 정비계획안을 만들었다면, 나중에 조합이 설립된 후 조합 예산(사업비)으로 이를 정산받을 수 있다. 하지만 만약 구역 지정에 실패하거나 사업이 무산되면 그 비용은 **매몰 비용**이 될 위험이 크므로 신중하게 접근해야 한다.

많은 분이 '조합설립'이나 '공사'에만 관심을 두지만, 사실 가장 치열한 머리싸움은 바로 이 **정비계획 수립**에서 일어난다.

1. **용적률 1%의 무게** : 정비계획에서 확정되는 용적률과 층수는 곧, 일반 분양 수입과 직결된다. 입안 단계에서 단순히 빨리하는 것보다 어떤 인센티브를 받아 사업성을 극대화할 것인가를 행정청과 영리하게 협상하는 안목이 필요하다.

2. **정책 방향의 변화에 주목** : 최근에는 입안 요청이나 신속통합 기획처럼 공공이 적극적으로 개입하는 제도가 대세다. 과거처럼 민간이 모든 것을 준비하던 시대에서, 이제는 행정청의 정책 방향(지침)을 먼저 읽고 그 흐름에 올라타는 것이 사업 성공의 지름길이다.

법령으로 찾아보는 정비계획 수립과 구역 지정

제8조(정비구역의 지정) ① 특별시장·광역시장·특별자치시장·특별자치도지사·시장 또는 군수(광역시의 군수는 제외하며, 이하 "정비구역의 지정권자"라 한다)는 기본계획에 적합한 범위에서 노후·불량건축물이 밀집하는 등 대통령령으로 정하는 요건에 해당하는 구역에 대해 제16조에 따라 정비계획을 결정해 정비구역을 지정(변경지정을 포함한다)할 수 있다.

② 제1항에도 불구하고 제26조 제1항 제1호 및 제27조 제1항 제1호에 따라 정비사업을 시행하려는 경우에는 기본계획을 수립하거나 변경하지 아니하고 정비구역을 지정할 수 있다.

③ 정비구역의 지정권자는 정비구역의 진입로 설치를 위해 필요한 경우에는 진입로 지역과 그 인접지역을 포함해 정비구역을 지정할 수 있다.

④ 정비구역의 지정권자는 정비구역 지정을 위해 직접 제9조에 따른 정비계획을 입안할 수 있다.

⑤ **자치구의 구청장 또는 광역시의 군수**(이하 제9조, 제11조 및 제20조에서 "구청장 등"이라 한다)**는 제9조에 따른 정비계획을 입안해 특별시장·광역시장에게 정비구역 지정을 신청해야 한다**(A). 이 경우 제15조 제2항에 따른 지방의회의 의견을 첨부해야 한다.

제9조(정비계획의 내용) ① **정비계획에는 다음 각 호의 사항이 포함(B)** 되어야 한다.

1. 정비사업의 명칭

2. 정비구역 및 그 면적

2의2. **토지등소유자 유형별 분담금 추산액 및 산출근거(C)**

3. 도시·군계획시설의 설치에 관한 계획

4. 공동이용시설 설치계획

5. 건축물의 주용도·건폐율·용적률·높이에 관한 계획

6. 환경보전 및 재난방지에 관한 계획

7. 정비구역 주변의 교육환경 보호에 관한 계획

8. 세입자 주거대책

9. 정비사업시행 예정시기

10. 정비사업을 통해 공공지원민간임대주택을 공급하거나 같은 조 제11호에 따른 주택임대관리업자(이하 "주택임대관리업자"라 한다)에게 임대할 목적으로 주택을 위탁하려는 경우에는 다음 각 목의 사항. 다만, 나목과 다목의 사항은 건설하는 주택 전체 세대수에서 공공지원민간임대주택 또는 임대할 목적으로 주택임대관리업자에게 위탁하려는 주택(이하 "임대관리 위탁주택"이라 한다)이 차지하는 비율이 100분의 20 이상, 임대 기간이 8년 이상의 범위 등에서 대통령령으로 정하는 요건에 해당하는 경우로 한정한다.

가. 공공지원민간임대주택 또는 임대관리 위탁주택에 관한 획

지별 토지이용계획

나. 주거·상업·업무 등의 기능을 결합하는 등 복합적인 토지이용을 증진시키기 위해 필요한 건축물의 용도에 관한 계획

다. '국토의 계획 및 이용에 관한 법률' 제36조 제1항 제1호 가목에 따른 주거지역을 세분 또는 변경하는 계획과 용적률에 관한 사항

라. 그 밖에 공공지원민간임대주택 또는 임대관리 위탁주택의 원활한 공급 등을 위해 대통령령으로 정하는 사항

11. '국토의 계획 및 이용에 관한 법률' 제52조 제1항 각 호의 사항에 관한 계획(필요한 경우로 한정한다)

12. 그 밖에 정비사업의 시행을 위해 필요한 사항으로서 대통령령으로 정하는 사항

제13조의2(정비구역의 지정을 위한 정비계획의 입안 요청 등) ① 토지등소유자 또는 추진위원회는 다음 각 호의 어느 하나에 해당하는 경우에는 정비계획의 입안권자에게 정비구역의 지정을 위한 정비계획의 입안을 요청할 수 있다.

1. 제4조 제1항 단서에 따라 기본계획을 수립하지 아니한 지역으로서 대통령령으로 정하는 경우

2. 제5조 제1항 제10호에 따른 단계별 정비사업 추진계획상 정비예정구역별 정비계획의 입안 시기가 지났음에도 불구하고 정비계획이 입안되지 아니한 경우

3. 제5조 제2항에 따라 기본계획에 같은 조 제1항 제9호 및 제10

호에 따른 사항을 생략한 경우

4. 천재지변 등 대통령령으로 정하는 불가피한 사유로 긴급하게
   정비사업을 시행할 필요가 있다고 판단되는 경우

② 정비계획의 입안권자는 제1항의 요청이 있는 경우에는 요청일
부터 4개월 이내에 정비계획의 입안 여부를 결정해 토지등소유자
및 정비구역의 지정권자에게 알려야 한다. 다만, 정비계획의 입안
권자는 정비계획의 입안 여부의 결정 기한을 2개월의 범위에서
한 차례만 연장할 수 있다.

③ 정비구역의 지정권자는 다음 각 호의 어느 하나에 해당하는 경
우에는 토지이용, 주택건설 및 기반시설의 설치 등에 관한 기본방
향(이하 "정비계획의 기본방향"이라 한다)을 작성해 정비계획의 입안권자에
게 제시해야 한다.

1. 제2항에 따라 정비계획의 입안권자가 토지등소유자에게 정비
   계획을 입안하기로 통지한 경우

2. 제5조 제1항 제10호에 따른 단계별 정비사업 추진계획에 따라
   정비계획의 입안권자가 요청하는 경우

3. 제12조 제6항에 따라 정비계획의 입안권자가 정비계획을 입안
   하기로 결정한 경우로서 대통령령으로 정하는 경우

4. 정비계획을 변경하는 경우로서 대통령령으로 정하는 경우

④ 제1항부터 제3항까지에서 규정한 사항 외에 정비구역의 지정
요청을 위한 요청서의 작성, 토지등소유자의 동의, 요청서의 처리
및 정비계획의 기본방향 작성을 위해 필요한 사항은 대통령령으

로 정한다.

제14조(정비계획의 입안 제안) ① 토지등소유자(제5호의 경우에는 제26조 제1항 제1호 및 제27조 제1항 제1호에 따라 사업시행자가 되려는 자를 말한다) 또는 추진위원회는 다음 각 호의 어느 하나에 해당하는 경우에는 **정비계획의 입안권자에게 정비계획의 입안을 제안(D)**할 수 있다.

1. 제5조 제1항 제10호에 따른 단계별 정비사업 추진계획상 정비예정구역별 정비계획의 입안시기가 지났음에도 불구하고 정비계획이 입안되지 아니하거나 같은 호에 따른 정비예정구역별 정비계획의 수립시기를 정하고 있지 아니한 경우

2. 토지등소유자가 제26조 제1항 제7호 및 제8호에 따라 토지주택공사 등을 사업시행자로 지정 요청하려는 경우

3. 대도시가 아닌 시 또는 군으로서 시·도 조례로 정하는 경우

4. 정비사업을 통해 공공지원민간임대주택을 공급하거나 임대할 목적으로 주택을 주택임대관리업자에게 위탁하려는 경우로서 제9조 제1항 제10호 각 목을 포함하는 정비계획의 입안을 요청하려는 경우

5. 제26조 제1항 제1호 및 제27조 제1항 제1호에 따라 정비사업을 시행하려는 경우

6. 토지등소유자(조합이 설립된 경우에는 조합원을 말한다. 이하 이 호에서 같다)가 3분의 2 이상의 동의로 정비계획의 변경을 요청하는 경우. 다만, 제15조 제3항에 따른 경미한 사항을 변경하는 경우에는 토지등소유자의 동의 절차를 거치지 아니한다.

7. 토지등소유자가 공공재개발사업 또는 공공재건축사업을 추진
   하려는 경우

② 정비계획 입안의 제안을 위한 토지등소유자의 동의, 제안서의
처리 등에 필요한 사항은 대통령령으로 정한다.

(A) 구청장과 시장의 역할 분담

실무적으로 서울 같은 대도시에서는 구청장이 계획을 짜서(입안) 시장에게 지정해줄 것을 신청하는 구조다. 구청장은 현장의 목소리를 담고, 시장은 도시 전체의 균형을 판단한다. 만약 우리 동네 사업이 늦어진다면 구청의 입안 단계에서 막혀 있는지, 시청의 지정 단계에서 심의 중인지를 먼저 파악해야 한다.

(B) 정비계획에 반드시 담겨야 할 '10대 필수 정보'

(법 제9조를 실무적으로 재구성)

1. **사업 명칭** : (예) ○○동 주택재개발정비사업

2. **구역 면적** : 정확히 어디부터 어디까지 개발하는가?

3. **분담금 추산액** : (가장 중요) 나는 대략 얼마를 부담하게 될까?

4. **기반시설계획** : 도로는 얼마나 넓어지고 공원은 어디에 생기나?

5. **밀도계획** : 용적률(높이)과 건폐율(넓이)은 얼마인가?

6. **환경 및 재난 방지** : 소음 대책과 재난 시 대피로는 확보되었는가?

7. **교육 환경 보호** : 인근 학교의 일조권이나 학습권에 문제는 없는가?

8. **세입자 대책** : 살고 있는 임차인들은 어떻게 이주시키는가?

9. 예정 시기 : 언제 착공해서 언제 완공할 계획인가?

10. 임대주택 공급 : 공공임대나 민간임대주택은 얼마나 짓는가?

(C) 분담금 추산액 공개의 입법 취지

과거에는 구역 지정 단계에서 내가 얼마를 내야 하는지 전혀 모른 채 사업이 진행되어 나중에 분담금 폭탄으로 갈등이 발생하는 경우가 많았다. 법 제9조 제1항 제2호의2가 신설된 것은 사업 초기부터 주민들에게 예상 성적표를 보여줌으로써 사업의 투명성을 높이고 주민의 자기 결정권을 강화하려는 개선 조치다. 다만, 2025년 5월부터 '토지등소유자별'이 아닌 '토지등소유자 유형별'로 분담금 추산을 허용해 초기 행정 낭비를 줄였다.

(D) 입안 '요청'과 '제안'의 차이

일반인들이 가장 헷갈려 하는 부분이다. '입안 요청'은 국가가 짠 기본계획대로 사업이 안 갈 때 '왜 약속을 안 지키느냐'라며 촉구하는 성격이 강하다. 반면 '입안 제안'은 주민들이 직접 설계안(안)을 들고 가서 '이렇게 해달라'고 능동적으로 제안하는 것이다.

☞ 정비계획의 내용 등 고시정보를 확인하고자 하는 경우에는 토지이음 홈페이지(https://www.eum.go.kr/web/gs/gv/gvGosiList.jsp)를 참조하자.

조합의 징검다리 : 추진위원회 구성과 운영

제4장

1. 추진위원회 : 정식 조합을 만들기 위한 '임시 정부'

재개발·재건축 사업의 실질적 주인은 '조합'이지만, 수천 명의 주민이 한꺼번에 조합을 만들 수는 없다. 그래서 조합을 설립하기 전까지 사업의 기틀을 잡는 임시 기구가 바로 **추진위원회**다.

- **한시적 단체 :** 조합설립인가를 받으면 모든 업무와 자산(돈), 권리와 의무를 조합에 넘겨주고 해산한다.
- **법적 책임 :** 조합을 설립한 후에도 추진위원회를 계속 운영하면 벌칙을 받는다. 즉, '제 임무를 다하면 깔끔하게 물러나야 하는 조직'이다.

2. 어떻게 만들어지나?(구성 요건과 시기)

(1) 구성 요건 : '5명 이상, 과반수(50% 초과)의 동의'

- **인원 :** 추진위원장을 포함한 **5명 이상의 추진위원**이 필요하다.

- **동의** : 토지등소유자 **과반수(50% 초과)의 동의**를 얻어 시장·군수 등의 승인을 받아야 한다.
- **주의사항** : 반드시 시·군·구청장이 **'검인(도장을 찍어줌)'한 공식 동의서**만 사용해야 한다. 개별적으로 만든 종이에 받은 지장은 효력이 없다.

(2) 구성 시기 : '더 빨라진 시작'(2025년 6월 개정 반영)

과거에는 정비구역이 지정된 후에만 추진위원회를 만들 수 있었으나, 이제는 **입안 요청이나 제안 단계에서도 추진위원회를 구성**할 수 있어 사업 속도가 획기적으로 빨라졌다.

3. 추진위원회의 조직과 권한

추진위원회는 단순히 모여서 의논만 하는 곳이 아니라, 정비사업의 명운을 결정할 전문가 파트너를 뽑는 중요한 권한을 가진다.

▶ 추진위원회의 5대 핵심 업무

① 정비사업전문관리업자(정비업체) 선정 : 사업의 길잡이가 될 전문업체를 뽑는다.

② 설계자 선정 : 우리 아파트의 밑그림을 그릴 전문가를 선정한다.

③ 개략적인 시행계획서 작성 : 용적률, 세대 수, 예상 공사비 등을 통한 사업성에 대해 다각적으로 검토한다.

④ 조합 정관 초안 작성 : 조합의 헌법이 될 규칙을 미리 만든다.

⑤ 조합설립 동의서 징구 : 가장 중요한 업무로, 주민들에게 조합 설립 찬성표를 받는다.

추진위원회 조직 구성 및 역할

조직 구성	주요 역할
추진위원장	위원회를 대표하며, 주민총회의 의장이 됨(사업의 얼굴)
감사	회계와 재산 상태를 감시하고 결과를 보고함
추진위원	• 토지등소유자의 10분의 1 이상으로 구성하되, 토지등소유자가 50인 이하인 경우 5인으로 구성 • 추진위원 100인 초과 시, 토지등소유자의 10분의 1 범위 내에서 100인 이상으로 할 수 있음
주민총회	토지등소유자 전원이 참여하는 **최고 의결기구**(업체 선정 등 결정)

4. 창립총회 : '임시 정부에서 정식 정부로'

조합설립인가를 신청하기 직전, 추진위원회는 **창립총회**를 개최해야 한다. 여기서 조합장을 선출하고 정관을 확정함으로써 비로소 '조합'이라는 정식 조직으로 거듭날 준비를 마친다.

Q1. 추진위원회 단계에서 쓰는 돈은 누가 부담하나?

A. 초기 비용은 주로 정비업체 등에서 대여하거나 추진위원이 마련한다. 이 비용은 나중에 조합이 설립되면 사업비로 환원되어 조합이 갚게 된다. 만약 사업이 무산되면 이 비용은 매몰 비용이 될 위험이 있다.

Q2. 추진위원장은 나중에 조합장이 되는지?

A. 대부분의 경우 추진위원장이 창립총회에서 조합장 후보로 나선다. 하지만 주민들이 총회에서 다른 인물을 선출할 수도 있다. 추진위원장으로서 업무 수행 능력이 곧, 조합장으로서의 자질 검증 과정이 되는 셈이다.

1. **포괄승계의 무게** : 추진위원회가 쓴 돈이나 맺은 계약은 나중에 조합원이 될 여러분이 고스란히 물려받는다(포괄승계). 추진위원회 단계에서 방만하게 운영되면 그 빚은 결국 조합원의 분담금으로 돌아온다.

2. **검인 동의서의 엄격성** : 실무에서 가장 흔한 실수가 검인을 받지 않은 양식에 동의서를 받는 것이다. 열정만 앞서서 서두르다가 수개월의 시간을 허비할 수 있으니, 반드시 인가권자(시장·군수·구청장)의 검인을 받은 서류인지 확인해야 한다.

3. **조율의 기술** : 창립총회에서 갈등이 폭발하면 조합설립인가가 늦어지고, 이는 곧 금융비용 증가로 이어진다. 추진위원회 단계에서 주민 간의 이견을 충분히 조율하는 것이 전문가의 기술이다.

법령으로 찾아보는 조합설립추진위원회

제31조(조합설립추진위원회의 구성·승인) ① 조합을 설립하려는 경우에는 다음 각 호의 사항에 대해 **토지등소유자 과반수의 동의**(A)를 받아 조합설립을 위한 추진위원회를 구성해 국토교통부령으로 정하는 방법과 절차에 따라 시장·군수 등의 승인을 받아야 한다. 이 경우, 시장·군수 등은 승인 이후 구역경계, 토지등소유자의 수 등 국토교통부령으로 정하는 사항을 해당 지방자치단체 공보에 고시해야 한다.

1. 추진위원회 위원장(이하 "추진위원장"이라 한다)을 포함한 5명 이상의 추진위원회 위원(이하 "추진위원"이라 한다)

2. 제34조 제1항에 따른 운영 규정

② 추진위원회는 다음 각 호의 어느 하나에 해당하는 지역을 대상으로 구성한다.

1. 제16조에 따라 정비구역으로 지정·고시된 지역

2. 제16조에 따라 정비구역으로 지정·고시되지 아니한 지역으로서 다음 각 목의 어느 하나에 해당하는 지역

　　가. 제4조 제1항 단서에 따라 기본계획을 수립하지 아니한 지역 또는 제5조 제2항에 따라 기본계획에 같은 조 제1항 제9호 및 제10호의 사항을 생략한 지역으로서 대통령령으로 정

하는 지역

나. 기본계획에 제5조 제1항 제9호에 따른 정비예정구역이 설정된 지역

다. 제13조의2에 따른 입안 요청 및 제14조에 따른 입안 제안에 따라 정비계획의 입안을 결정한 지역

라. 제15조에 따라 정비계획의 입안을 위해 주민에게 공람한 지역

③ 제1항에 따라 **추진위원회의 구성에 동의한 토지등소유자**(이하 이 조에서 "추진위원회 동의자"라 한다)**는 제35조 제1항부터 제5항까지의 규정에 따른 조합의 설립에 동의한 것으로 본다**(B). 다만, 조합설립 인가를 신청하기 전에 시장·군수 등 및 추진위원회에 조합설립에 대한 반대의 의사표시를 한 추진위원회 동의자의 경우에는 그러하지 아니하다.

④ 제2항 제2호에 따라 추진위원회를 구성해 승인받은 경우로서 승인 당시의 구역과 제16조에 따라 지정·고시된 정비구역의 면적 차이가 대통령령으로 정하는 기준 이상인 경우 추진위원회는 제1항 각 호의 사항에 대해 토지등소유자 과반수의 동의를 받아 시장·군수 등에게 다시 승인을 받아야 한다. 이 경우 제1항의 추진위원회 구성에 동의한 자는 정비구역 지정·고시 이후 1개월 이내에 동의를 철회하지 아니하는 경우 동의한 것으로 본다.

⑤ 제4항에 따른 승인이 있는 경우 기존의 추진위원회의 업무와 관련된 권리·의무는 승인받은 추진위원회가 포괄승계한 것으로

본다.

⑥ 제1항 및 제4항에 따른 토지등소유자의 동의를 받으려는 자는 대통령령으로 정하는 방법 및 절차에 따라야 한다. 이 경우 동의를 받기 전에 제3항의 내용을 설명·고지해야 한다.

⑦ 정비사업에 대해 제118조에 따른 공공지원을 하려는 경우에는 추진위원회를 구성하지 아니할 수 있다. 이 경우, 조합설립 방법 및 절차 등에 필요한 사항은 대통령령으로 정한다.

제32조(추진위원회의 기능) ① **추진위원회는 다음 각 호의 업무를 수행** (C)할 수 있다.

1. 제102조에 따른 정비사업전문관리업자(이하 "정비사업전문관리업자"라 한다)의 선정 및 변경

2. 설계자의 선정 및 변경

3. 개략적인 정비사업 시행계획서의 작성

4. 조합설립인가를 받기 위한 준비 업무

5. 그 밖에 조합설립을 추진하기 위해 대통령령으로 정하는 업무

② 추진위원회가 정비사업전문관리업자를 선정하려는 경우에는 제31조에 따라 추진위원회 승인을 받은 후 제29조 제1항에 따른 경쟁입찰 또는 수의계약(2회 이상 경쟁입찰이 유찰된 경우로 한정한다)의 방법으로 선정해야 한다.

③ 추진위원회는 제35조 제2항, 제3항 및 제5항에 따른 조합설립인가를 신청하기 전에 대통령령으로 정하는 방법 및 절차에 따라 조합설립을 위한 창립총회를 개최해야 한다.

④ 추진위원회가 제1항에 따라 수행하는 업무의 내용이 토지등소유자의 비용 부담을 수반하거나 권리·의무에 변동을 발생시키는 경우로서 대통령령으로 정하는 사항에 대해서는 그 업무를 수행하기 전에 대통령령으로 정하는 비율 이상의 토지등소유자의 동의를 받아야 한다.

(A) '과반수 동의'가 갖는 실무적 무게

추진위원회 승인을 위해 필요한 '**과반수(50% 초과)**' 동의는 단순히 숫자를 채우는 것이 아니다. 이는 동네 주민 절반 이상이 '우리 사업을 이 사람들에게 맡기겠다'라는 공식적인 신뢰를 보냈음을 의미한다. 특히 추진위원회 단계에서 선정하는 **정비업체와 설계자**는 향후 사업의 성패를 좌우하는 핵심 파트너이므로, 승인 직후 투명한 절차를 통해 '브레인'을 확보하는 것이 베테랑의 첫 번째 임무다.

(B) '추진위원회 구성 동의 = 조합설립 동의'의 법리

법 제31조 제3항은 매우 독특한 법적 장치를 두고 있다. 추진위원회 구성에 동의하면 **나중에 조합설립에도 동의한 것으로 간주**한다. 이를 '**동의의 의제**'라고 한다. 이는 사업의 연속성을 보장하기 위한 것이지만, 주민 입장에서는 추진위원회 동의서 한 장이 내 재산권 행사의 방향을 결정짓는 중대한 행위임을 인지해야 한다. 물론 조합설립인가 신청 전까지 철회할 기회는 법적으로 보장되어 있다.

(C) 추진위원회가 반드시 수행해야 할 '5대 핵심 업무'

☞ 63페이지의 내용을 참고하기 바람.

＊ 추진위원회의 내용 규제에 대해서는 국토교통부 고시로 **정비 사업조합설립추진위원회 운영 규정**을 살펴보자.

'토지등소유자'라는 용어는 무슨 의미인가?

▶ 토지등소유자는 정비사업의 '입장권'을 가진 사람이라고 이해하면 쉽다.

정비사업에서 토지등소유자가 된다는 것은 나중에 조합원이 되어 새 아파트를 받을 권리가 있다는 뜻이다. 하지만 재개발과 재건축은 그 '입장권'을 주는 기준이 완전히 다르다.

▶ 재개발 vs 재건축 : 입장권의 기준 차이

가장 큰 차이는 '토지와 건물을 따로 가졌을 때' 입장할 권리를 인정해주느냐의 여부다.

구분	재개발사업(포괄적)	재건축사업(엄격함)
핵심 키워드	'또는(OR)'	'및(AND)'
인정 기준	① **땅만 가진 사람** ② **건물만 가진 사람** ③ 지상권자(땅 빌려 쓰는 사람)	**땅과 건물을 모두** 가진 사람
비유	'우리 동네 땅이나 건물 중 하나라도 있으면 다 모이세요!'	'건물과 그 밑의 땅을 세트로 다 갖고 있어야 주인공입니다!'

- **재개발사업** : 공공성이 강한 사업이기에 폭넓게 인정한다. 무허가 건축물 소유자나 국공유지를 점유한 사람도 일정 요건을 갖추면 포함될 수 있다(지상권자 포함).

- **재건축사업** : 주로 아파트 단지에서 이루어지므로, '건물과 그 밑의 지분(부속 토지)'을 동시에 소유해야만 토지등소유자로 인정한다.

Q. 재건축 아파트를 샀는데 대지 지분이 없네. 어떻게 되나?

A. 안타깝게도 재건축에서는 '건축물 및 그 부속 토지'를 함께 소유해야 한다. 땅 지분이 없는 건물을 사면 토지등소유자로 인정받지 못해 조합원 자격이 주어지지 않고 현금으로 보상받고 나가야 할 가능성이 매우 크다.

20년 차 전문가의 실무 통찰

간혹 아파트의 토지가 시유지·국유지 등으로 되어 있는 경우가 있는데, 이 경우 동의율 확보와 행정 절차 등의 법적 문제가 따를 수 있으므로 소유주인 지자체 등과의 협의를 통해 토지를 매입해

재건축 아파트에 대지권이 없으면…

(출처 : Gemini)

대지 지분을 확보한 후 재건축을 진행할 수 있다.

정비사업의 주체
: 조합의 설립과 운영

제5장

1. 조합의 탄생 : '사업의 주인공이 법인이 되다'

정비사업의 조합은 정비구역 안의 주민들이 우리 동네를 직접 개발하기 위해 만드는 '공법인(공공 성격의 법인)'이다.

- **법적 성립** : 시장·군수 등의 **조합설립인가**를 받은 후, 30일 이내에 **법인 등기**를 마쳐야 비로소 법적인 생명력을 얻는다.
- **설립 의무** : 주민들이 직접 사업을 하려면 조합을 설립해야 하며(단, 토지등소유자가 20인 미만인 재개발사업은 생략), 이때부터 조합은 단순한 주민 모임을 넘어 국가로부터 일정한 행정 권한을 부여받아 '작은 정부'와 같은 역할을 수행한다.

▶ **가장 까다로운 관문 : 조합설립 동의 요건**

조합을 세우려면 이웃들의 동의가 절대적이다. 재개발과 재건축에서 그 기준이 다르다.

구분	인원 동의율	토지 면적 동의율	비고
재개발	3/4 이상(75%)	1/2 이상(50%)	두 요건 모두 충족 시 가능
재건축	각 동별 과반수 + 전체 70% 이상	전체 70% 이상	한 동이라도 반대가 심하면 지연됨

2. 조합원 : '입장권을 가진 사람들'

(1) 조합원 자격과 '1세대 1주택' 원칙

정비사업의 조합원이 되어야 새 아파트를 분양받을 권리가 생긴다. 하지만 법은 '지분 쪼개기'를 막기 위해 엄격한 기준을 둔다.

- **대표 1인 원칙** : 집 한 채를 여럿이 공유하거나, 한 가계(세대)가 여러 채를 가졌더라도 **입주권은 단 1장**만 준다.
- **세대 분리 주의** : 결혼하거나 19세 이상이 되어 독립한 자녀가 아니라면, 서류상 세대를 분리해도 여전히 '1세대'로 본다.

(2) 투기과열지구 내 양도 제한(핵심 주의사항)

부동산 정책으로 인해 특정 지역에서는 집을 샀다고 해서 무조건 조합원이 될 수 없다.

- **재건축사업 : 조합설립인가 후**에 집을 사면 조합원 자격을 못 받는다.
- **재개발사업 : 관리처분계획인가 후**에 집을 사면 조합원 자격을 못 받는다.
- **유의** : 매도인이 일정 요건에 해당되어 양도하는 경우를 제외하고는 이 시기 이후에 매수한 사람은 '현금청산' 대상자가 되

어 아파트 대신 돈을 받고 나가야 한다.

3. 조합 임원과 대의원회 : '사업의 엔진과 브레이크'

(1) 조합 임원(조합장, 이사, 감사)

- **조합장** : 조합의 CEO다. 조합장이 되기 위해서는 '**5년 이상 소유**' 또는 '**정비구역에서 거주하고 있는 자로서 선임일 직전 3년 동안 정비구역에서 1년 이상 거주**'라는 요건이 요구된다. 또한 선임 후 관리처분계획인가를 받을 때까지는 해당 구역에 실제 거주해야 한다.
- **이사 및 감사** : '**5년 이상 소유**' 또는 '**정비구역에서 거주하고 있는 자로서 선임일 직전 3년 동안 정비구역에서 1년 이상 거주**'라는 요건이 요구된다.
- **책임감** : 조합 임원은 공무원에 준하는 책임을 지며, 비리를 저지르면 일반 범죄보다 무겁게 처벌받는다.

(2) 대의원회(대의 기구)

조합원이 100명 이상이면 대의원회를 반드시 두어야 한다. 수천 명의 조합원이 매번 모여 투표할 수 없기에, 조합원의 1/10 이상으로 구성된 대의원회가 일상적인 의사결정을 대신한다.

다만, 조합원의 1/10이 100명을 넘는 경우에는 조합원의 10분의 1의 범위에서 100명 이상으로 구성할 수 있다.

4. 조합 정관 : '조합원 사이의 약속'

조합의 정관은 조합의 헌법이다. 비용 부담, 투표 방식, 임원 선출 등 모든 규칙이 담겨 있다. 지자체가 배포하는 표준정관을 바탕으로 우리 구역만의 특수한 사정을 반영해서 만든다.

＊ 표준정관 : 서울시의 경우, '서울특별시 도시 및 주거환경정비 조례'에 따라 표준정관을 준용해 작성한다.

Q1. 조합임원(조합장 포함)이 비리 또는 직무 유기 등이 있을 때, 조합원들이 해임할 수 있나?

A. 가능하다. 조합원 1/10 이상의 발의로 소집된 총회에서 조합원 과반수 출석과 출석 조합원 과반수 찬성으로 해임할 수 있다.

Q2. 재개발구역에 빌라 한 채, 땅 한 필지를 따로 가지고 있는데, 입주권이 2장 나오나?

A. 원칙적으로 한 명의 소유자에게는 1장의 입주권만 주어진다. 다만, 종전 주택의 주거전용면적이나 가액이 크다면 일정한 요건 하에 '1+1 분양(1주택은 주거전용면적 60㎡ 이하)'이 가능한 예외는 있다.

Q3. 부부가 아파트를 공동명의로 가지고 있으면 입주권이 2장인가?

A. 아니다. 제39조 제1항 제1호에 따라 공유 지분인 경우 여러 명을 대표하는 '1명'만 조합원으로 본다. 동의서도 대표자 1명만 쓸 수 있다. 이때, 공유자는 대표 조합원 선임동의서를 작성해야 한다.

"재건축 동별 동의율, '알박기'의 시작과 끝이다."

재건축은 각 동별로 과반수 동의를 얻어야 한다. 만약 특정 동(주로 상가동이나 큰 대형 평형 동)에서 단체로 반대하면 사업 전체가 멈춘다. 이를 해결하기 위해 실무에서는 토지 분할 소송을 통해 반대하는 동을 제척(사업지에서 제외)하기도 한다.

또한, 2025.10.15. 부동산 정책에서 수도권에 투기과열지구로 지정된 지역이 넓은데, 투기과열지구에서 조합원 지위의 양도 제한을 모르고 계약했다가 전 재산이 묶이는 사례가 발생할 수 있다. 투자자나 실무자들은 계약 시점에 해당 구역의 '단계'와 '규제지역 여부'를 반드시 연계해서 파악하는 습관을 들여야 한다.

법령으로 찾아보는 조합설립

제35조(조합설립인가 등) ① 시장·군수 등, 토지주택공사 등 또는 지정
　개발자가 아닌 자가 정비사업을 시행하려는 경우에는 토지등소유
　자로 구성된 조합을 설립해야 한다. 다만, 제25조 제1항 제2호에
　따라 토지등소유자가 재개발사업을 시행하려는 경우에는 그러하
　지 아니하다.

　② 재개발사업의 추진위원회(제31조 제7항에 따라 추진위원회를 구성하지 아
　니하는 경우에는 토지등소유자를 말한다)가 조합을 설립하려면 토지등소유
　자의 4분의 3 이상 및 토지면적의 2분의 1 이상의 토지 소유자의
　동의를 받아 다음 각 호의 사항을 첨부해 제16조에 따른 정비구
　역 지정·고시 후 시장·군수 등의 인가를 받아야 한다.

　1. 정관

　2. 정비사업비와 관련된 자료 등 국토교통부령으로 정하는 서류

　3. 그 밖에 시·도 조례로 정하는 서류

　③ 재건축사업의 추진위원회(제31조 제7항에 따라 추진위원회를 구성하지 아
　니하는 경우에는 토지등소유자를 말한다)가 조합을 설립하려는 때에는 주택
　단지의 공동주택의 각 동(복리시설의 경우에는 주택단지의 복리시설 전체를 하
　나의 동으로 본다)별 구분소유자의 과반수(복리시설로서 대통령령으로 정하는

경우에는 3분의 1 이상으로 한다) 동의(공동주택의 각 동별 구분소유자가 5 이하인 경우는 제외한다)와 주택단지의 전체 구분소유자의 100분의 70 이상 및 토지면적의 100분의 70 이상의 토지 소유자의 동의를 받아 제2항 각 호의 사항을 첨부해 제16조에 따른 정비구역 지정·고시 후 시장·군수 등의 인가를 받아야 한다.

④ 제3항에도 불구하고 주택단지가 아닌 지역이 정비구역에 포함된 때에는 주택단지가 아닌 지역의 토지 또는 건축물 소유자의 4분의 3 이상 및 토지면적의 3분의 2 이상의 토지 소유자의 동의를 받아야 한다.

⑤ 제2항 및 제3항에 따라 설립된 조합이 인가받은 사항을 변경하고자 하는 때에는 총회에서 조합원의 3분의 2 이상의 찬성으로 의결하고, 제2항 각 호의 사항을 첨부해 시장·군수 등의 인가를 받아야 한다. 다만, 대통령령으로 정하는 경미한 사항을 변경하려는 때에는 총회의 의결 없이 시장·군수 등에게 신고하고 변경할 수 있다.

⑥ 시장·군수 등은 제5항 단서에 따른 신고를 받은 날부터 20일 이내에 신고수리 여부를 신고인에게 통지해야 한다.

⑦ 시장·군수 등이 제6항에서 정한 기간 내에 신고수리 여부 또는 민원 처리 관련 법령에 따른 처리 기간의 연장을 신고인에게 통지하지 아니하면 그 기간(민원 처리 관련 법령에 따라 처리 기간이 연장 또는 재연장된 경우에는 해당 처리 기간을 말한다)이 끝난 날의 다음 날에 신고를 수리한 것으로 본다.

⑧ 조합이 정비사업을 시행하는 경우 '주택법' 제54조를 적용할 때에는 조합을 같은 법 제2조 제10호에 따른 사업 주체로 보며, 조합설립인가일부터 같은 법 제4조에 따른 주택건설사업 등의 등록을 한 것으로 본다.

⑨ 제2항부터 제5항까지의 규정에 따른 토지등소유자에 대한 동의의 대상 및 절차, 조합설립 신청 및 인가 절차, 인가받은 사항의 변경 등에 필요한 사항은 대통령령으로 정한다.

⑩ **추진위원회는 조합설립에 필요한 동의를 받기 전에 추정분담금 등 대통령령으로 정하는 정보를 토지등소유자에게 제공해야 한다(A).**

제39조(조합원의 자격 등) ① 제25조에 따른 정비사업의 조합원(사업시행자가 신탁업자인 경우에는 위탁자를 말하며, 사업시행자가 토지주택공사 등인 경우에는 제72조에 따른 분양신청을 할 수 있는 자를 말한다. 이하 이 조에서 같다)은 토지등소유자(재건축사업의 경우에는 재건축사업에 동의한 자만 해당한다)로 하되, 다음 각 호의 어느 하나에 해당하는 때에는 그 여러 명을 대표하는 1명을 조합원으로 본다. 다만, '지방자치분권 및 지역균형 발전에 관한 특별법' 제25조에 따른 공공기관지방이전 및 혁신도시 활성화를 위한 시책 등에 따라 이전하는 공공기관이 소유한 토지 또는 건축물을 양수한 경우 양수한 자(공유의 경우 대표자 1명을 말한다)를 조합원으로 본다.

1. 토지 또는 건축물의 소유권과 지상권이 여러 명의 공유에 속하는 때

2. 여러 명의 토지등소유자가 1세대에 속하는 때. 이 경우 동일한 세대별 주민등록표상에 등재되어 있지 아니한 배우자 및 미혼인 19세 미만의 직계비속은 1세대로 보며, 1세대로 구성된 여러 명의 토지등소유자가 조합설립인가 후 세대를 분리해 동일한 세대에 속하지 아니하는 때에도 이혼 및 19세 이상 자녀의 분가(세대별 주민등록을 달리하고, 실거주지를 분가한 경우로 한정한다)를 제외하고는 1세대로 본다.

3. 조합설립인가(조합설립인가 전에 제26조 제1항 또는 제27조 제1항 제3호에 따라 토지주택공사 등 또는 신탁업자를 사업시행자로 지정한 경우에는 사업시행자의 지정을 말한다. 이하 이 조에서 같다) 후 1명의 토지등소유자로부터 토지 또는 건축물의 소유권이나 지상권을 양수해 여러 명이 소유하게 된 때

② '주택법' 제63조 제1항에 따른 **투기과열지구**(이하 "투기과열지구"라 한다)로 지정된 지역에서 재건축사업을 시행하는 경우에는 조합설립인가 후, 재개발사업을 시행하는 경우에는 제74조에 따른 관리처분계획의 인가 후 해당 정비사업의 건축물 또는 토지를 양수(매매·증여, 그 밖의 권리의 변동을 수반하는 모든 행위를 포함하되, 상속·이혼으로 인한 양도·양수의 경우는 제외한다. 이하 이 조에서 같다)한 자는 제1항에도 불구하고 조합원이 될 수 없다(B). 다만, 양도인이 다음 각 호의 어느 하나에 해당하는 경우 그 양도인으로부터 그 건축물 또는 토지를 양수한 자는 그러하지 아니하다.

1. 세대원(세대주가 포함된 세대의 구성원을 말한다. 이하 이 조에서 같다)의 근무상

또는 생업상의 사정이나 질병 치료('의료법' 제3조에 따른 의료기관의 장이 1년 이상의 치료나 요양이 필요하다고 인정하는 경우로 한정한다)·취학·결혼으로 세대원이 모두 해당 사업구역에 위치하지 아니한 특별시·광역시·특별자치시·특별자치도·시 또는 군으로 이전하는 경우

2. 상속으로 취득한 주택으로 세대원 모두 이전하는 경우

3. 세대원 모두 해외로 이주하거나 세대원 모두 2년 이상 해외에 체류하려는 경우

4. 1세대(제1항 제2호에 따라 1세대에 속하는 때를 말한다) 1주택자로서 양도하는 주택에 대한 소유 기간 및 거주기간이 대통령령으로 정하는 기간 이상인 경우

5. 제80조에 따른 지분형주택을 공급받기 위해 건축물 또는 토지를 토지주택공사 등과 공유하려는 경우

6. 공공임대주택, '공공주택 특별법'에 따른 공공분양주택의 공급 및 대통령령으로 정하는 사업을 목적으로 건축물 또는 토지를 양수하려는 공공재개발사업 시행자에게 양도하려는 경우

7. 그 밖에 불가피한 사정으로 양도하는 경우로서 대통령령으로 정하는 경우

③ 사업시행자는 제2항 각 호 외의 부분 본문에 따라 조합원의 자격을 취득할 수 없는 경우 정비사업의 토지, 건축물 또는 그 밖의 권리를 취득한 자에게 제73조를 준용해 손실보상을 해야 한다.

[법률 제14567호(2017. 2. 8.) 제39조제1항 각 호 외의 부분 단서의 개정규정은 부칙 제2조의 규정에 의해 2018년 1월 26일까지 유효함]

(A) '추정분담금' 고지 의무가 실무에 끼친 영향

제35조 제10항에 따라 이제는 '일단 도장부터 찍어달라'라는 말이 통하지 않는다. 동의서를 걷기 전에 우리 집의 가치가 얼마이고 나중에 얼마를 더 내야 할지(추정분담금)를 반드시 미리 알려줘야 한다. 주민들은 이제 숫자를 보고 찬반을 결정한다. 따라서 추진위원회는 초기 단계부터 얼마나 정교한 사업성 분석 데이터를 내놓느냐가 동의서 징구 속도를 결정하는 핵심 역량이 되었다.

(B) 투기과열지구 내 조합원 지위 양도 제한의 법리

법 제39조 제2항은 헌법상 재산권 행사와 주거 안정이 충돌하는 지점이다. 재건축은 **'조합설립인가'** 후, 재개발은 **'관리처분계획인가'** 후에 집을 사면 원칙적으로 조합원이 될 수 없다. 이는 정비사업을 통한 투기 수요를 억제하기 위한 강력한 공법적 제한이다. 다만, 1세대 1주택자로서 장기 보유한 경우 등 예외 조항을 두어 선의의 피해자를 방지하고 있다.

제6장

재건축진단
: 우리 아파트의 '건강 검진'과 '체질 개선'

1. 재건축진단이란? "무너질 위험보다 살기 불편함에 집중하다"

재건축진단은 아파트가 얼마나 낡았는지를 종합적으로 평가해서 부수고 새로 지을지, 아니면 고쳐서 쓸지를 결정하는 공식적인 판정이다. 과거의 '안전진단'이 '이 건물이 무너지느냐 아니냐'를 따지는 생존의 문제였다면, 2025년 개편된 '재건축진단'은 '이 집에서 인간답게 편히 살 수 있느냐'를 묻는 생활의 문제로 패러다임이 바뀌었다.

- **과거**(안전진단) : '건물이 튼튼한가?'(구조 안전성 위주)
- **현재**(재건축진단) : '주차는 편한가? 층간소음은 어떤가? 배관은 녹슬지 않았나?'(주거 환경 위주)

재건축진단은 준공 후 30년이 지난 아파트가 재건축이라는 긴 여정을 시작하기 위해 반드시 넘어야 하는 첫 번째 문턱이다.

2. 무엇이 달라졌나?(주요 변경 사항)

재건축 절차에서 정부는 재건축의 속도를 높이기 위해 불필요한 절차를 축소하고 기준을 현실화했다.

- **이름의 변화** : '안전진단'에서 '재건축진단'으로 명칭을 바꿔서 제도 본연의 목적인 '재건축 추진 여부 판단'을 명확히 했다.
- **패스트트랙 도입** : 소위 '예비진단'이라 불리며 상당한 시간이 소요되던 **현지 조사 절차가 폐지**되었다. 이제 요청 후 30일 이내에 진단 실시 여부를 알려주어야 한다.
- **삶의 질 중시** : 주거환경 평가 비중(가중치)이 **0.3에서 0.4로 상향**되었다. 건물이 튼튼해도 주차가 지옥 같거나 층간소음이 심하면 재건축이 가능해진 것이다.

재건축 패스트트랙 절차

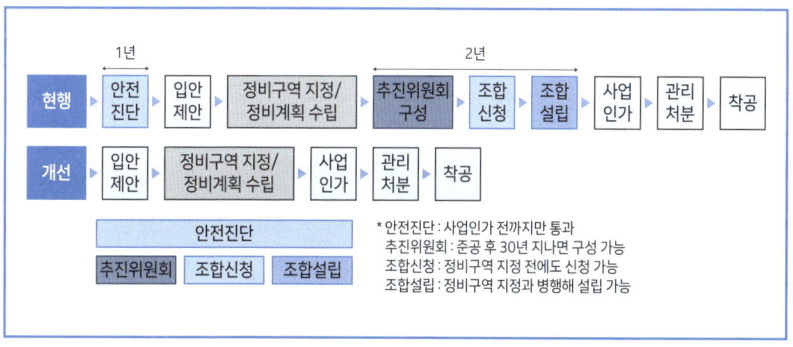

(출처 : 국토교통부 보도자료(2024.1.10))

3. 평가 항목과 점수 계산법

재건축진단은 크게 4가지 영역을 점수화한다. 각 항목에 가중치를 곱해 합산한 점수가 낮을수록 재건축 가능성이 커진다.

평가 항목별 가중치

평가 항목	주요 내용	가중치
주거환경	주차대수, 소방시설, 층간소음, 에너지 효율 등	0.4(0.3)*
건축 마감 및 설비 노후도	배관 부식, 전기·통신 설비의 낡은 정도	0.3
구조 안전성	건물의 기울기, 내구성, 하중을 견디는 힘(내하력)	0.3
비용 분석*	고쳐 쓰는 비용 vs 새로 짓는 비용 비교(LCC)	(0.1)*

* 재건축진단 실시를 요청하는 자가 시장·군수 등에게 주거환경의 가중치는 0.3으로 하는 대신에 비용 분석의 가중치를 0.1로 요청하는 경우에 활용

▶ 최종 성능점수 산출 공식

원칙 : Total Score = (E 0.4) + (F 0.3)+ (S 0.3)

(E : 주거환경, F : 설비 노후도, S : 구조 안전성)

예외 : Total Score = (E 0.3) + (F 0.3) + (S 0.3) + (C 0.1)

(E : 주거환경, F : 설비 노후도, S : 구조 안전성, C : 비용 분석)

4. 진단 결과 판정 : "우리 단지는 어떤 등급?"

최종 성능점수에 따라 결과는 3가지로 나뉜다. 45 이하면 재건축,

45 초과 ~ 55 이하면 조건부 재건축, 55를 초과하면 유지보수로 판정을 한다.

- **재건축(PASS)** : 즉시 재건축 절차(정비계획 수립)에 착수할 수 있다.
- **조건부 재건축** : 지금 당장 무너질 정도는 아니지만, 지역 여건이나 시장 상황을 봐서 재건축 시기를 조정할 수 있다(사실상 통과로 간주되기도 한다).
- **유지보수(FAIL)** : 아직 더 살 만하다는 뜻이다. 이 결과가 나오면 **3년 동안은** 이 보고서를 다시 활용해 재도전할 수 있다.

Q1. 우리 아파트는 지은 지 25년 되었는데, 재건축진단을 신청할 수 있나?

A. 법적으로 '노후·불량 건축물'의 기준은 준공 후 30년이다. 따라서 원칙적으로는 30년이 지나야 신청이 가능하다. 다만, 구조적 결함이 심각해 붕괴 위험이 있는 경우에는 예외적으로 그 전에도 진단을 진행할 수 있다.

Q2. 진단 비용은 누가 내나?

A. 재건축진단을 요청하는 자(주민들)가 부담하는 것이 원칙이다. 단지 규모에 따라 수천만 원에서 억 단위의 비용이 들기도 하므로, 주민들이 십시일반 모금해서 추진하는 경우가 많다.

Q3. '조건부 재건축'이 나오면 바로 사업을 할 수 없나?

A. '조건부'라는 말이 붙지만, 실무적으로는 대부분 사업 진행이 가능하다. 다만, 공공기관의 적정성 검토를 한 번 더 거치거나, 지자체가 주변 전세 시장의 안정을 위해 이주 시기를 조절하라는 조건을 달 수 있을 뿐이다.

"구조가 튼튼하다고 실망하지 말자. 주거환경이 핵심이다."

예전에는 아파트가 튼튼하게 지어졌다는 것이 재건축의 '걸림돌'이었다. 하지만 바뀐 제도에서는 **주거환경(0.4)** 점수가 성패를 가른다.

1. **데이터가 힘** : 평소 단지 내 주차난 사진, 소방차 진입 불가 사례, 녹물 발생 민원 등을 꼼꼼히 기록해두어야 진단 시 유리한 근거가 된다.

2. **비용 분석(LCC)의 활용** : 단순히 '낡았다'가 아니라, '이것을 고쳐 쓰는 비용이 새로 짓는 것보다 훨씬 비효율적이다'라는 경제적 논리(LCC : Life Cycle Cost)가 10%의 비중이지만, 결정적 한 방이 될 수 있다.

3. **전문가와 미리 상의** : 정식 진단을 신청하기 전, 민간 전문업체를 통해 미리 우리 단지의 상태를 가늠해보는 '사전 컨설팅'을 받는 것이 실패 비용을 줄이는 지름길이다.

법령으로 찾아보는 재건축진단

제12조(재건축사업을 위한 재건축진단) ① 시장·군수 등은 제5조 제1항 제10호에 따른 정비예정구역별 정비계획의 수립 시기가 도래한 때부터 제50조에 따른 **사업시행계획인가**(이하 "사업시행계획인가"라 한다) **전까지**(A) 재건축진단을 실시해야 한다.

② 시장·군수 등은 제1항에도 불구하고 다음 각 호의 어느 하나에 해당하는 경우에는 재건축진단을 실시해야 한다. 이 경우 **시장·군수 등은 재건축진단에 드는 비용을 해당 재건축진단의 실시를 요청하는 자에게 부담하게 할 수 있다**(B).

1. 제13조의2에 따라 정비계획의 입안을 요청하려는 자가 입안을 요청하기 전에 해당 정비예정구역 또는 사업예정구역에 위치한 건축물 및 그 부속 토지의 소유자 **10분의 1 이상의 동의**를 받아 재건축진단의 실시를 요청하는 경우

2. 제14조에 따라 정비계획의 입안을 제안하려는 자가 입안을 제안하기 전에 해당 정비예정구역에 위치한 건축물 및 그 부속 토지의 소유자 **10분의 1 이상의 동의**를 받아 재건축진단의 실시를 요청하는 경우

3. 제5조 제2항에 따라 정비예정구역을 지정하지 아니한 지역에서 재건축사업을 하려는 자가 사업예정구역에 있는 건축물 및

그 부속 토지의 소유자 **10분의 1 이상의 동의**를 받아 재건축진
단의 실시를 요청하는 경우

4. 제2조 제3호 나목에 해당하는 건축물의 소유자로서 재건축사
업을 시행하려는 자가 해당 사업예정구역에 위치한 건축물 및
그 부속 토지의 소유자 **10분의 1 이상의 동의**를 받아 재건축진
단의 실시를 요청하는 경우

5. 제15조에 따라 정비계획을 입안해 주민에게 공람한 지역 또는
제16조에 따라 정비구역으로 지정된 지역에서 재건축사업을
시행하려는 자가 해당 구역에 위치한 건축물 및 그 부속 토지
의 소유자 **10분의 1 이상의 동의**를 받아 재건축진단의 실시를
요청하는 경우

6. 제31조에 따라 시장·군수 등의 승인을 받은 조합설립추진위원
회(이하 "추진위원회"라 한다) 또는 사업시행자가 재건축진단의 실시
를 요청하는 경우

③ 제1항에 따른 재건축사업의 재건축진단은 주택단지(연접한 단지
를 포함한다)의 건축물을 대상으로 한다. 다만, 대통령령으로 정하는
주택단지의 건축물인 경우에는 재건축진단 대상에서 제외할 수
있다.

④ 시장·군수 등은 대통령령으로 정하는 재건축진단기관에 의뢰
해 **주거환경 적합성, 해당 건축물의 구조 안전성, 건축 마감, 설비
노후도 등**(C)에 관한 재건축진단을 실시해야 한다.

⑤ 제4항에 따라 재건축진단을 의뢰받은 재건축진단기관은 국토

교통부장관이 정해 고시하는 기준(건축물의 내진 성능 확보를 위한 비용을 포함한다)에 따라 재건축진단을 실시해야 하며, 국토교통부령으로 정하는 방법 및 절차에 따라 재건축진단 결과보고서를 작성해 시장·군수 등 및 제2항에 따라 재건축진단의 실시를 요청한 자에게 제출해야 한다.

⑥ 시장·군수 등은 재건축진단의 결과와 도시계획 및 지역여건 등을 종합적으로 검토해 사업시행계획인가 여부(제75조에 따른 시기 조정을 포함한다)를 결정해야 한다.

⑦ 제1항부터 제6항까지의 규정에 따른 재건축진단의 대상·기준·실시기관·지정 절차·수수료 및 결과에 대한 조치 등에 필요한 사항은 대통령령으로 정한다.

(A) '선 진단'에서 '후 진단'으로 패스트트랙

법 개정 전에는 안전진단을 통과해야만 정비계획 수립이 가능했다. 하지만 개정된 법 제12조 제1항은 **사업시행계획인가 전**까지만 진단을 마치면 되도록 시기를 늦추었다. 이는 진단 결과가 나오기 전이라도 추진위원회를 구성하고 조합설립 준비를 할 수 있게 함으로써 재건축사업 기간을 획기적으로 단축하려는 정책적 조치다.

(B) '1/10 동의'와 '진단 비용'의 실무적 함수관계

주민 10%만 모이면 시장·군수 등에게 재건축진단을 요청할 수 있다. 하지만 여기서 중요한 점은 제2항에 명시된 **'비용 부담'** 조항이다. 요청한 주민들에게 비용을 내라고 할 수 있는데, 단지 규모에 따라 수억 원이 들기도 한다.

(C) 재건축진단 '4대 핵심 평가 항목'(법 제12조 제4항 및 관련 기준 재구성)

1. **구조 안전성 :** 건물이 무너질 위험이 있는가?(과거 대비 가중치 완화 추세)

2. **주거환경 적합성 :** 주차 대수, 층간소음, 소방차 진입 등이 얼마나 불편한가?

3. **설비 노후도 :** 배관이 녹슬어 녹물이 나오거나 전기 설비가 위

험한가?

4. 건축 마감 : 외벽 균열이나 마감재 탈락 등 노후화가 심각한가?

☞ 이와 관련된 대통령령으로 '주택 재건축 판정을 위한 재건축진
단 기준'이 마련되어 있음.

제3부

전략적 파트너십
: 설계와 시공의 청사진

제7장 우리 아파트의 건설 파트너 : 시공자 선정

1. 시공자 선정, 왜 그렇게 중요할까?

조합이 시공자를 선정하는 것은 우리 아파트의 브랜드를 결정하는 일임과 동시에, 크게는 수천억 원 규모의 건설공사 계약을 맺는 과정이다. 선정된 건설사는 설계 보완부터 시공, 분양, 사업비 대여까지 사업 전반에 깊숙이 관여하므로, 투명하고 공정한 선정은 정비사업 성패의 80%를 결정짓는다고 해도 과언이 아니다.

2. 시공자 선정의 7단계 드라마

조합의 시공자 선정은 도시정비법이 정한 정규 트랙을 따라야 하며, 이 과정에서 단 한 걸음이라도 어긋나면 선정이 무효가 될 수 있다.

시공자 선정 7단계

단계	주요 내용	핵심 포인트
1. 계획 수립	입찰 방식 및 평가 기준 확정	경쟁이 붙을 수 있는 조건인가?
2. 입찰 공고	일반적으로 누리장터에 공고	**이사비 등 제안 금지**
3. 현장 설명회	건설사 대상 설계도/조건 설명	몇 개의 건설사가 참여했는가?
4. 입찰서 접수	전자시스템을 통한 접수	밀봉된 부속서류의 개봉
5. 대의원회 의결	총회에 올릴 후보자 선정	**직접 출석, 비밀투표**
6. 합동 설명회/홍보	합동 설명회 2회 이상 (홍보관 운영도 가능)	**개별 홍보(집 방문 등) 금지**
7. 조합원 총회	조합원 투표로 최종 결정	**과반수 직접 출석 원칙**

3. 알아두면 유익한 실무 상식

(1) '공짜 점심은 없다' – 금전 제공 금지

과거에는 건설사들이 '이사비 수천만 원 지급' 같은 파격적인 제안을 하기도 했다. 그러나 현재는 이사비, 이주비, 재건축부담금 등 **시공과 관련 없는 금전적 이익을 제안하는 것이 엄격히 금지**되어 있다. 다만, 이주비 대출에 대한 이자를 빌려주는 등의 금융 지원 제안은 가능하다.

* 이사비와 이주비 : 이사비는 짐을 싸서 옮기는 데 드는 실비 성격으로 일반적으로 그냥 주는 돈이고, 이주비는 공사 기간 동안 다른 곳에 가서 살 수 있도록 전세금이나 보증금의 마련을 위해 빌려주는 돈이라고 할 수 있다.

(2) 홍보의 룰 : '밖에서는 금지, 안에서는 허용'

건설사 직원이 조합원 집을 개별적으로 방문해 선물을 주거나 홍보하는 행위는 불법이다. 대신 조합이 지정한 공식 '홍보공간'에서는 자유로운 홍보가 가능하다.

(3) 직접 출석의 중요성

시공자 선정 총회는 매우 중요하기 때문에, 서면결의서만 내는 것으로는 부족하다. **전체 조합원의 과반수가 반드시 현장에 직접 출석**해야 총회가 성립된다. 최근 2025년 12월부터는 법 개정으로 전자적 방법을 통한 의결권 행사도 적극적으로 활용된다.

Q1. 단독 응찰이 발생하면 어떻게 되나?

A. 일반경쟁 또는 지명경쟁 입찰이 원칙이므로, 한 회사만 입찰하거나 아무도 입찰하지 않으면 유찰된다. 유찰이 2회 이상 반복되면 조합은 수의계약으로 시공자를 선정할 수 있다. 최근에는 공사비 상승으로 경쟁이 붙지 않아 수의계약으로 진행되는 단지가 늘고 있다.

Q2. 시공사가 약속한 특화 설계를 나중에 안 해주면 어떻게 하나?

A. 시공사가 제출한 입찰제안서는 계약서와 동일한 효력을 갖는다. 계약 체결 시 제안서 내용을 꼼꼼히 반영해야 하며, 이행하지 않을 경우 계약 해지 사유가 될 수 있다.

Q3. 전자투표(전자의결권)는 믿을 수 있나?

A. 2025년 6월부터 본격 시행되는 전자투표는 위변조 방지 기술이 적용되어 서면결의서보다 오히려 조작의 위험이 적고, 조합원들의 참여를 높이는 효과가 있다. 다만, 시스템 이용의 보안성을 꼼꼼히 체크하는 조합의 관리가 필요하다.

"브랜드와 홍보에 현혹되지 말고 '공사비의 세부 내역'을 보자."

1. 제안서의 함정 : 시공사가 제시하는 '화려한 조감도'는 확정된 것이 아니다. 나중에 설계 변경을 이유로 공사비를 대폭 올리는 경우가 많다. 제안서에 '확정 공사비'인지, '에스컬레이션(물가 상승) 차단 조항'이 있는지 반드시 확인해야 한다.

2. 공사비 검증 제도를 활용 : 계약서에 도장을 찍기 전, 전문 기관에 '공사비 검증'을 요청하는 것도 바람직한 방안이다. 전문가의 눈으로 거품을 걷어내는 과정이 반드시 필요하다.

시공자 선정 흐름도

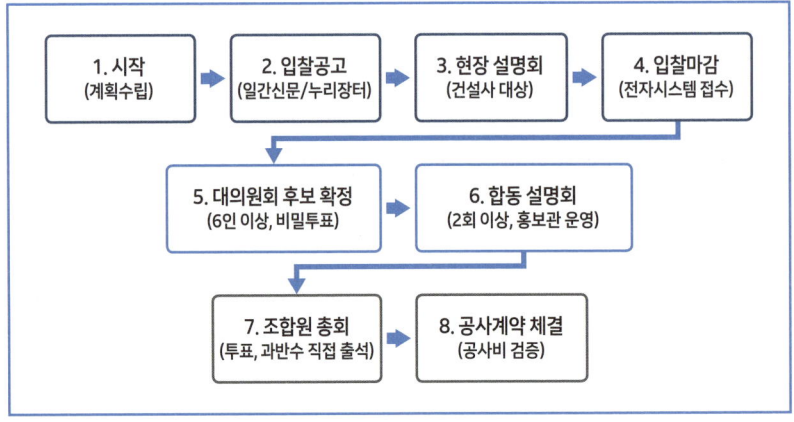

법령으로 찾아보는 시공자 선정

제29조(계약의 방법 및 시공자 선정 등) ④ 조합은 조합설립인가를 받은 후 조합총회에서 제1항에 따라 경쟁입찰 또는 수의계약(2회 이상 경쟁입찰이 유찰된 경우로 한정한다)의 방법으로 건설업자 또는 등록사업자를 시공자로 선정해야 한다. 다만, 대통령령으로 정하는 규모 이하의 정비사업은 조합총회에서 정관으로 정하는 바에 따라 선정할 수 있다.

제34조(건설업자 등의 홍보) ① 사업시행자 등은 입찰 공고에 따른 입찰 마감일 다음날부터 시공자 선정을 위한 총회 개최일까지의 기간 동안 건설업자 등의 합동 설명회를 2회 이상 개최해야 한다. 이 경우 사업시행자 등은 총회에 상정하는 건설업자 등이 제출한 입찰제안서에 대해 시공 능력, 공사비 등이 포함되는 **객관적인 비교표(A)**를 작성해 토지등소유자에게 제공해야 하며, 건설업자 등이 제출한 입찰제안서 사본을 토지등소유자가 확인할 수 있도록 전자적 방식('전자문서 및 전자거래 기본법' 제2조 제2호에 따른 정보처리시스템을 사용하거나 그 밖에 정보통신기술을 이용하는 방법을 말한다)을 통해 게시할 수 있다. ② 사업시행자 등은 제1항에 따라 합동 설명회를 개최할 때에는 개최일 7일 전까지 일시 및 장소를 정해 토지등소유자에게 이를 통지해야 한다.

③ 건설업자 등의 임직원, 시공자 선정과 관련해 홍보 등을 위해 계약한 용역업체의 임직원 등은 토지등소유자 등을 상대로 개별적인 홍보를 할 수 없으며, 홍보를 목적으로 토지등소유자 또는 정비사업전문관리업자 등에게 사은품 등 물품·금품·재산상의 이익을 제공하거나 제공을 약속해서는 아니 된다.

④ 사업시행자 등은 제1항에 따른 합동 설명회(최초 합동 설명회를 말한다) 개최 이후 건설업자 등의 신청을 받아 정비구역 내 또는 인근에 개방된 형태의 홍보공간을 1개소 제공하거나, 건설업자 등이 공동으로 마련해 한시적으로 제공하고자 하는 공간 1개소를 홍보공간으로 지정할 수 있다. 이 경우 건설업자 등은 제3항에도 불구하고 사업시행자 등이 제공하거나 지정하는 홍보공간에서는 토지등소유자 등에게 홍보할 수 있다.

⑤ 건설업자 등은 제4항에 따라 홍보를 하려는 경우에는 미리 홍보를 수행할 직원(건설업자 등의 직원을 포함한다. 이하 "홍보직원"이라 한다)의 명단을 사업시행자 등에 등록해야 하며, 홍보직원의 명단을 등록하기 이전에 홍보를 하거나, 등록하지 않은 홍보직원이 홍보를 해서는 아니 된다. 이 경우 사업시행자 등은 등록된 홍보직원의 명단을 토지등소유자에게 알릴 수 있다.

제35조(건설업자등의 선정을 위한 총회 등의 의결 등) ① 총회 등은 조합원 또는 토지등소유자(이하 이 항에서 "조합원 등"이라 한다) **과반수가 직접 출석(B)** 해 의결해야 한다. 이 경우 법 제45조 제5항에 따른 대리인이 참석한 때에는 직접 출석한 것으로 본다.

② 조합원 등은 제1항에 따른 총회 등의 직접 참석이 어려운 경우 서면 또는 전자적 방법('전자문서 및 전자거래 기본법' 제2조 제2호에 따른 정보처리시스템을 사용하거나 그 밖의 정보통신기술을 이용하는 방법을 말한다. 이하 같다)으로 의결권을 행사할 수 있으나, 서면결의서 또는 전자적 방법에 따른 결의서(이하 "서면결의서 등"이라 한다)를 철회하고 시공자선정 총회 등에 직접 출석해 의결하지 않는 한 제1항의 직접 참석자에는 포함되지 않는다.

③ 제2항에 따른 서면의결권 및 전자의결권(이하 "서면의결권 등"이라 한다) 행사는 사업시행자 등에서 지정한 기간·시간 및 장소에서 서면결의서를 배부받아 제출해야 한다.

④ 사업시행자 등은 제3항에 따른 조합원 등의 서면의결권 등의 행사를 위해 조합원 등의 수 등을 고려해 서면결의서 등의 제출 기간·시간 및 장소를 정해 운영해야 하고, 시공자 선정을 위한 총회 등의 개최 안내시 서면결의서 등의 제출요령을 충분히 고지해야 한다.

⑤ 사업시행자 등은 총회 등에서 시공자 선정을 위한 투표 전에 각 건설업자 등별로 조합원 등들에게 설명할 수 있는 기회를 부여해야 한다.

⑥ 제2항에 따른 전자적 방법의 의결권 행사에 관하여는 법 제45조제6항, 제7항, 제9항 및 제11항을 준용한다.

☞ 제29조와 관련해 국토교통부령으로 '정비사업 계약업무 처리기준'이 마련되어 있음.

(A) '경쟁입찰'과 '객관적 비교표'의 힘

건설사들은 화려한 브로셔와 영상으로 홍보를 하지만, 실무자가 가장 먼저 챙기는 것은 정비사업 계약업무 처리 기준 제34조 제1항에 명시된 '객관적 비교표'다. 조합은 건설사들이 제출한 제안서를 바탕으로 공사비, 마감재, 이주비 조건 등을 한눈에 볼 수 있게 표를 만들어야 한다. 이 표가 바로 건설사의 진짜 성적표이며, 비전문가인 조합원이 감정에 휘둘리지 않고 이성적인 선택을 할 수 있게 돕는 유일한 도구다.

(B) '50% 직접 출석'의 엄격한 법리

일반적인 총회는 10~20%의 직접 출석만으로도 가능하지만, 시공자 선정은 반드시 **조합원 과반수(50% 초과)가 현장에 직접 나와야** 한다. 이는 정비사업에서 가장 막대한 자금이 투입되는 계약이면서 의사결정인 만큼, 서면결의서에만 의존하지 말고 주체들이 직접 나와 건설사의 설명을 듣고 판단하라는 민주적 정당성을 요구하는 것이다. 이 요건을 채우지 못하면 총회 자체가 무효가 된다.

(C) 시공자 선정의 4대 클린 수주 원칙

(정비사업 계약업무 처리 기준 제34조 및 제35조를 실무적으로 재구성)

1. **개별 홍보 절대 금지 :** 건설사 직원이 조합원 집을 개별 방문하거나 전화를 돌리는 행위는 불법이다.

2. **지정된 홍보 공간 활용 :** 건설사는 조합이 지정한 단 1곳의 개방형 홍보관에서만 합법적으로 홍보할 수 있다.

3. **물품·금품 제공 금지 :** 사은품, 상품권, 식사 대접 등 재산상의 이익을 제공하거나 약속하는 행위는 처벌 대상이다.

4. **합동 설명회 의무화 :** 모든 건설사가 한자리에 모여 공정하게 제안서를 설명하는 기회를 2회 이상 가져야 한다.

제8장 전문가에게 맡기는 정비사업
: 신탁 방식

1. 신탁 방식 정비사업이란? "전문 경영인(CEO) 영입"

정비사업을 신탁 방식으로 추진하는 것은 주민들이 직접 조합을 만들어 사업을 이끄는 대신, 부동산 금융 전문기관인 **신탁회사**에 사업 전반을 맡기는 방식이다.

- **비유** : 조합 방식이 주민들이 직접 자율방범대를 운영하는 것이라면, 신탁 방식은 전문 보안업체에 경비를 맡기는 것과 비슷하다.
- **배경** : 조합의 투명성·전문성 부족 및 자금 조달의 어려움으로 인한 사업 지연을 막기 위해 2016년에 도입되었다.

2. 신탁 방식의 2가지 얼굴

신탁 방식의 정비사업에도 신탁회사에 어느 정도 권한을 줄 것인지에 따라 2가지로 나뉜다.

사업시행자 방식 vs. 사업대행자 방식

구분	사업시행자 방식(지정개발자)	사업대행자 방식
조합 유무	**조합 없음**(신탁사가 시행자)	**조합 있음**(신탁사는 돕는 역할)
특징	추진위원회와 조합 단계를 건너뜀 (가장 빠름)	조합의 부족한 자금과 전문성을 보완
동의 요건	재개발 : 토지등소유자 3/4 + 면적 1/2 재건축 : 구분소유자 70% + 면적 70% + 동별 구분소유자 과반수(조합설립요건과 동일, 까다로움)	조합원 과반수 동의 (비교적 수월)
토지 신탁	과거에는 토지면적 1/3 이상의 신탁등기가 필수였으나, 2023년 12월 시행령 개정으로 신탁등기 요건이 완화되어 이제는 하지 않아도 됨. 즉, 토지등소유자의 2분의 1 이상의 추천을 받거나 동의 요건만 충족되면 가능	

3. 신탁 방식의 빛과 그림자

(1) 장점 : "돈과 시간의 절약"

- **속도(Speed)** : 조합설립 과정을 생략하는 사업시행자(지정개발자) 방식의 경우, 사업 기간을 **2~3년 단축**할 수 있다.

- **자금력** : 신탁사가 자체 자금을 투입하거나 낮은 금리로 대출을 주도해 **초기 자금난**을 해결한다.

- **전문성** : 시공사와 공사비 협상을 할 때 전문가들이 나서므로 주민들이 끌려다니지 않을 수 있다.

(2) 단점 : "비싼 수수료와 거부감"

- **신탁수수료** : 매출액의 2~4%를 수수료로 낸다. 대형 사업장의 경우에 수백억 원에 달할 수 있어 "너무 비싸다"라는 불만이 나

올 수 있다.

- **조합원 의견 수렴의 한계** : 신탁사가 정비사업을 주도하다 보니 조합원의 의견이 충분히 반영되지 않을 수 있다는 우려가 있다. 그러나 최근에는 토지등소유자 전체회의 의결 절차 확대, 정비사업위원회 설치 등을 통해 주민 참여를 강화하는 방안이 마련되고 있다.

4. 신탁 방식 정비사업 절차(사업시행자 방식 기준)

신탁 방식 정비사업의 절차에서는 조합설립추진위원회 및 조합의 설립은 필요하지 않고, 그 대신에 신탁사를 사업시행자로 지정하는 절차가 필요하다. 이러한 절차를 제외하면 조합이 주체가 되어 추진하는 방식과 크게 다르지 않다. 주요 추진 절차를 그림으로 나타내면 다음과 같다.

사업시행자방식의 신탁 방식 정비사업 절차도

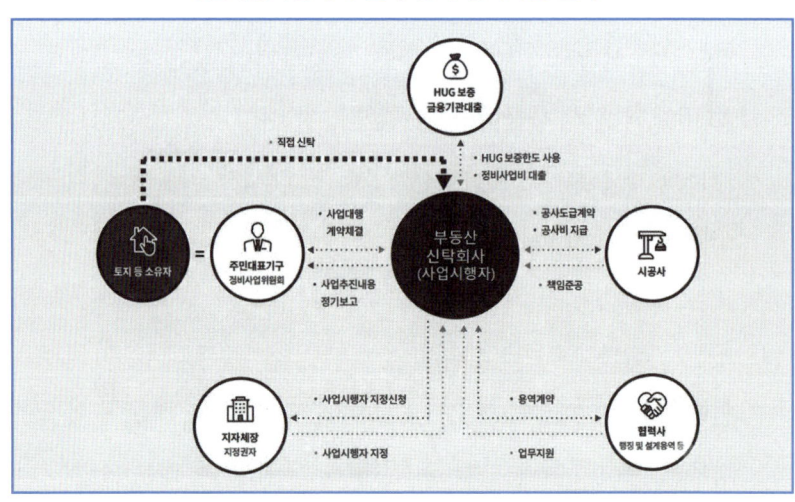

(출처: 한국부동산신탁 홈페이지, 필자 재정리)

Q1. 신탁사에 내 집을 맡기면(신탁등기), 내 마음대로 팔 수 없나?

A. 아니다. 신탁등기가 되어 있더라도 수익권 양도 등의 방식을 통해 언제든지 매매가 가능하다. 다만, 일반적인 매매보다 절차가 조금 더 복잡할 수 있으므로 전문가의 도움을 받는 것이 좋다.

Q2. 수수료 2~4%는 너무 과한 것 아닌가?

A. 최근 경쟁이 치열해지면서 1%대로 낮아지는 추세이기도 하다. 또한, 신탁사가 시공사와 협상해 공사비를 5%만 깎아도 수수료 이상의 가치를 충분히 해낸다.

Q3. 정비사업위원회는 어떠한 성격의 조직인가?

A. 사업시행자형 신탁 방식에서는 조합이 없다 보니, 도시정비법에서는 신탁업자와 토지등소유자 간의 공정한 계약의 체결을 위해 표준 계약서 및 표준 시행규정을 마련해 그 사용을 권장할 수 있도록 하고 있다.

신탁 방식의 경우, 주민의 의견을 수렴하고 사업시행자인 신탁회사와의 협의 등을 원활하게 하기 위해 조합과 유사한 역할을 수행하는 주민대표기구인 정비사업위원회를 구성하고 있다. 그러나 정비사업위원회는 법령에 근거한 기구가 아니기 때문에 법적 지위가 미비하며, 주민대표기구로서 역할을 수행하는 데에는 한계가 있다.

"신탁수수료는 '비용'이 아니라 리스크를 줄이는 '보험료'로 보자."

1. **시간은 곧 돈** : 신탁수수료 2~4%가 비싸 보일 수 있지만, 사업 기간이 2~3년 단축되어 금융 이자 3~5%를 아낀다면 결과적으로 조합원에게 이득이다. 이에 대한 수지 타산의 검토가 필요하다.

2. **신탁사 선택이 아닌 검증** : 모든 신탁사가 정비사업에 능숙한 것은 아니다. 해당 회사가 실제로 준공까지 완료한 실적(Track Record)이 있는지 반드시 확인해야 한다. 그래야 진짜 전문가를 고르게 된다.

법령으로 찾아보는 신탁 방식

제27조(재개발사업·재건축사업의 지정개발자) ① 시장·군수 등은 재개발사업 및 재건축사업이 다음 각 호의 어느 하나에 해당하는 때에는 토지 등소유자, '사회기반시설에 대한 민간투자법' 제2조 제12호에 따른 민관합동법인 또는 신탁업자로서 대통령령으로 정하는 요건을 갖춘 자(이하 "지정개발자"라 한다)를 사업시행자로 지정해 정비사업을 시행하게 할 수 있다.

1. 천재지변, '재난 및 안전관리 기본법' 제27조 또는 '시설물의 안전 및 유지관리에 관한 특별법' 제23조에 따른 사용 제한·사용금지, 그 밖의 불가피한 사유로 긴급하게 정비사업을 시행할 필요가 있다고 인정하는 때

2. 제16조 제2항 전단에 따라 고시된 정비계획에서 정한 정비사업시행 예정일부터 2년 이내에 사업시행계획인가를 신청하지 아니하거나 사업시행계획인가를 신청한 내용이 위법 또는 부당하다고 인정하는 때(재건축사업의 경우는 제외한다)

3. 제35조에 따른 재개발사업 및 재건축사업의 조합설립을 위한 동의 요건 이상에 해당하는 자가 신탁업자를 사업시행자로 지정하는 것에 동의하는 때

② 시장·군수 등은 제1항에 따라 지정개발자를 사업시행자로 지

정하는 때에는 정비사업시행구역 등 토지등소유자에게 알릴 필요가 있는 사항으로서 대통령령으로 정하는 사항을 해당 지방자치단체의 공보에 고시해야 한다. 다만, 제1항 제1호의 경우에는 토지등소유자에게 지체 없이 정비사업의 시행 사유·시기 및 방법 등을 통보해야 한다.

③ 신탁업자는 제1항 제3호에 따른 사업시행자 지정에 필요한 동의를 받기 전에 다음 각 호에 관한 사항을 토지등소유자에게 제공해야 한다.

1. 토지등소유자별 분담금 추산액 및 산출 근거

2. 그 밖에 추정분담금의 산출 등과 관련해 시·도 조례로 정하는 사항

④ 제1항 제3호에 따른 토지등소유자의 동의는 국토교통부령으로 정하는 동의서에 동의를 받는 방법으로 한다. 이 경우 동의서에는 **다음 각 호의 사항이 모두 포함**(A)되어야 한다.

1. 건설되는 건축물의 설계 개요

2. 건축물의 철거 및 새 건축물의 건설에 드는 공사비 등 정비사업에 드는 비용(이하 "정비사업비"라 한다)

3. 정비사업비의 분담 기준(신탁업자에게 지급하는 신탁보수 등의 부담에 관한 사항을 포함한다)

4. 사업 완료 후 소유권의 귀속

5. 정비사업의 시행 방법 등에 필요한 시행규정

6. 신탁계약의 내용

⑤ 제2항에 따라 시장·군수 등이 **지정개발자를 사업시행자로 지정·고시한 때에는 그 고시일 다음 날에 추진위원회의 구성승인 또는 조합설립인가가 취소**(B)된 것으로 본다. 이 경우 시장·군수 등은 해당 지방자치단체의 공보에 해당 내용을 고시해야 한다.

⑥ 국토교통부장관은 신탁업자와 토지등소유자 상호 간의 공정한 계약의 체결을 위해 대통령령으로 정하는 바에 따라 표준계약서 및 표준 시행규정을 마련해 그 사용을 권장할 수 있다.

⑦ 신탁업자와 재개발사업 또는 재건축사업의 준비·추진에 필요한 사항에 대해 협약 등을 체결하려는 자(토지등소유자로 구성된 자를 말한다)는 대통령령으로 정하는 절차를 거친 사실을 시장·군수 등에게 확인받은 후 대통령령으로 정하는 비율 이상의 토지등소유자의 동의를 받아 신탁업자를 공개 모집한 후 사업시행자 지정 전에 협약등을 체결할 수 있다.

⑧ 제7항에 따른 공개 모집 및 협약 등의 체결에 필요한 사항은 대통령령으로 정한다.

제28조(재개발사업·재건축사업의 사업대행자) ① 시장·군수 등은 다음 각 호의 어느 하나에 해당하는 경우에는 해당 조합 또는 토지등소유자를 대신해 직접 정비사업을 시행하거나 토지주택공사 등 또는 지정개발자에게 해당 조합 또는 토지등소유자를 대신해 정비사업을 시행하게 할 수 있다.

1. 장기간 정비사업이 지연되거나 권리관계에 관한 분쟁 등으로 해당 조합 또는 토지등소유자가 시행하는 정비사업을 계속 추

진하기 어렵다고 인정하는 경우

2. 토지등소유자(조합을 설립한 경우에는 조합원을 말한다)의 과반수 동의로 요청하는 경우

② 제1항에 따라 정비사업을 대행하는 시장·군수 등, 토지주택공사 등 또는 지정개발자(이하 "사업대행자"라 한다)는 사업시행자에게 청구할 수 있는 보수 또는 비용의 상환에 대한 권리로서 사업시행자에게 귀속될 대지 또는 건축물을 압류할 수 있다.

③ 제1항에 따라 정비사업을 대행하는 경우 사업대행의 개시결정, 그 결정의 고시 및 효과, 사업대행자의 업무집행, 사업대행의 완료와 그 고시 등에 필요한 사항은 대통령령으로 정한다.

제53조(시행규정의 작성) 시장·군수 등, 토지주택공사 등 또는 신탁업자가 단독으로 정비사업을 시행하는 경우 다음 각 호의 사항을 포함하는 시행규정을 작성해야 한다.

1. 정비사업의 종류 및 명칭

2. 정비사업의 시행연도 및 시행방법

3. 비용 부담 및 회계

4. 토지등소유자의 권리·의무

5. 정비기반시설 및 공동이용시설의 부담

6. 공고·공람 및 통지의 방법

7. 토지 및 건축물에 관한 권리의 평가방법

8. 관리처분계획 및 청산(분할징수 또는 납입에 관한 사항을 포함한다). 다만, 수용의 방법으로 시행하는 경우는 제외한다.

9. 시행규정의 변경

10. 사업시행계획서의 변경

11. 토지등소유자 전체회의(신탁업자가 사업시행자인 경우로 한정한다)

12. 그 밖에 시·도 조례로 정하는 사항

(A) 신탁업자가 사업을 맡을 때 제공해야 할 '6대 필수 정보'

(법 제27조 제4항을 실무적으로 재구성)

신탁업자는 주민의 소중한 땅을 맡기 전, 다음 사항이 포함된 동의서를 받아야 한다.

1. **설계 개요** : 어떤 아파트를 지을 것인가?

2. **정비사업비** : 공사비 등 총비용은 얼마로 추산되는가?

3. **분담 기준** : 신탁보수를 포함해 주민들은 얼마씩 부담하는가?

4. **소유권 귀속** : 완공 후 내 집의 소유권은 어떻게 돌아오는가?

5. **시행규정** : 사업 운영의 규칙은 무엇인가?(제53조 관련)

6. **신탁계약 내용** : 주민과 신탁회사 사이의 구체적인 계약 조건은?

(B) 신탁 방식 도입 시 '조합설립인가 취소'의 의제

법 제27조 제5항은 매우 강력한 법적 효과를 규정한다. 지정개발자가 지정·고시되면 기존의 추진위원회의 승인이나 조합설립인가는 **그 즉시 취소된 것으로 본다.** 이는 한 사업지에 2개의 주체가 공존하며 발생하는 법적 혼란을 방지하고, 신탁업자에게 단일한 사업 시행권을 부여해 속도감을 확보하기 위한 제도적 장치다.

☞ 2024년 1월 19일부터 개정 시행된 도시정비법에 따라 신탁방

식 정비사업의 표준 계약서 및 표준 시행규정이 확정됨. 즉, 국토교통부장관은 신탁업자와 토지등소유자 상호 간의 공정한 계약의 체결을 위해 표준 계약서 및 표준 시행규정을 마련해 그 사용을 권장할 수 있도록 함(제27조 제6항 신설).

제9장 인허가의 급행열차 : 통합심의와 건축심의

1. 통합심의제도 : "따로따로 말고 한꺼번에!"

기존에는 아파트 설계를 하나 짜면 건축팀, 교통팀, 환경팀, 교육청을 찾아다니며 **순차적으로** 허가를 받아야 했다. 통합심의는 이 모든 전문가를 한자리에 모아 **동시에**(One-Stop) 심의하는 제도다.

- **변화의 핵심** : 서울시 신속통합기획에 적용되던 통합심의제도가 2024년 1월부터 모든 정비사업으로 확대되었으며, 2025년 5월부터는 소방과 재해 분야까지 포함되어 '진정한 통합'이 완성되었다.
- **시간 단축** : 과거 1.5년에서 2년 걸리던 여러 심의 과정을 **약 6개월 이내**로 대폭 줄이는 것을 목표로 한다.

통합심의 절차

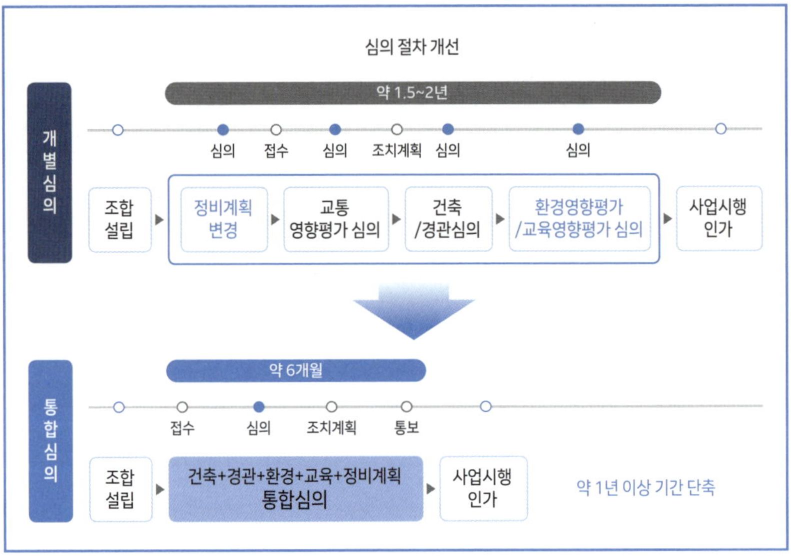

(출처 : 서울특별시 정비사업 정보몽땅(cleanup.seoul.go.kr))

2. 통합심의의 '8가지 레이더'(심의 대상)

정비사업의 통합심의기구는 다음의 8가지 요소를 현미경처럼 들여다본다.

통합심의 사항

분야	주요 검토 내용	관련 법령
건축	건물의 배치, 높이, 디자인, 구조 안전	건축법
경관	도시 미관과 주변 산·강과의 조화	경관법
교육환경평가	인근 학교의 일조권 및 학생 수용 능력	교육환경법
도시관리계획	지구단위계획 등 상위 계획과의 정합성	국토계획법
교통영향평가	단지 진출입로, 주변 도로 정체 여부	도시교통정비법

분야	주요 검토 내용	관련 법령
소방(신설)	화재 시 소방차 진입 및 피난 안전	소방시설법
재해(신설)	홍수, 산사태 등 자연재해 대응 능력	자연재해대책법
환경영향평가	공사 중 소음, 분진, 동식물 보호	환경영향평가법

3. 건축심의 : "우리 아파트의 최종 디자인 확정"

통합심의의 주인공은 단연 건축심의다. 아파트의 **외형**(Look & Feel)
과 **상품성**을 최종적으로 결정짓는 단계이기 때문이다.

- **사업의 얼굴** : 아파트가 몇 동인지, 동간 거리는 얼마인지, 커뮤
  니티시설은 어디에 들어가는지를 확정한다.

- **사업성의 잣대** : 여기서 층수가 깎이거나 세대수가 줄어들면
  조합원들의 분담금이 늘어날 수 있어, 주민들이 가장 예민하게
  지켜보는 대목이다.

Q1. 통합심의를 하면 무조건 빨리 통과되나?

A. 절차는 빨라지지만, 난도는 더 높아질 수 있다. 예전에는 교통 팀에서 지적을 받으면 그것만 고치면 됐지만, 이제는 교통에 대한 부분을 수정하느라 건물을 옮기면 건축·환경·소방 점검을 동시에 다시 받아야 한다. 즉, 설계의 완성도가 초기부터 완벽해야 통합심의의 혜택을 온전히 누릴 수 있다.

Q2. 교육환경평가는 왜 그렇게 무섭다고 하나?

A. 학생 수의 변화, 학교 일조권, 안전, 학습권 보호 등 평가 기준이 모호해 교육청의 보완 요구가 빈번하다. 특히 학교 일조권(햇빛)의 법적 기준이 매우 엄격하다. 이로 인해 통합심의 과정에서 교육청이 "학교에 해가 안 든다"라며 반대하면, 아파트 층수를 대폭 낮춰야 하는 상황이 발생하기도 한다. 이는 정비사업의 사업성을 결정짓는 '복병' 중의 복병이다.

Q3. 통합심의와 서울시의 신통기획의 차이점은 무엇인가?

A. 도시정비법의 통합심의와 서울시의 신통기획은 모두 사업 속도를 높이겠다는 목적은 같지만, 적용되는 단계와 성격에서 결정적인 차이가 있다. 쉽게 비유하자면, 신통기획은 정비구역 지정 전(정비

계획 수립)부터 전 최적의 경로를 미리 짜주는 내비게이션이라고 하면, 법정 통합심의는 조합설립 후 여러 검문을 한 번에 통과시켜주는 하이패스라고 설명할 수 있다.

"통합심의는 '오케스트라 지휘'와 같다."

1. **사전 조율이 생명** : 심의 당일에 전문가 20~30명이 모였을 때 처음 안건을 보면 배가 산으로 간다. 전문가로서 조언하자면, 심의 전 각 부서 실무자들과 사전 협의를 거쳐 큰 이견을 미리 정리해두는 것이 성공의 90%를 차지한다.

2. **건축심의 현수막의 의미** : 단지에 '건축심의(통합심의) 통과' 현수막이 붙었다면, 그것은 이제 '불확실성의 8부 능선'을 넘었다는 뜻이다. 이제부터는 설계가 크게 바뀔 일이 없으므로, 시공사와의 본계약이나 분양 준비에 속도를 낼 수 있는 안정권에 접어든 것이다.

3. **소방·재해 통합의 무서움** : 2025년부터 추가된 소방·재해심의는 최근 기후 변화와 안전 이슈로 인해 검토가 매우 까다롭다. 특히 지하 주차장 화재 안전이나 폭우 대비시설이 설계에 완벽히 준비되어 있어야 통합심의라는 급행열차를 탈 수 있다.

법령으로 찾아보는 통합심의

제50조의2(사업시행계획의 통합심의) ① 정비구역의 지정권자는 사업시행 계획인가와 관련된 다음 각 호 중 둘 이상의 심의가 필요한 경우에 는 이를 **통합해 검토 및 심의**(이하 "**통합심의**"라 한다)(A)해야 한다.

1. '건축법'에 따른 건축물의 건축 및 특별건축구역의 지정 등에 관한 사항

2. '경관법'에 따른 경관 심의에 관한 사항

3. **'교육환경 보호에 관한 법률'에 따른 교육환경평가**(B)

4. '국토의 계획 및 이용에 관한 법률'에 따른 도시·군관리계획에 관한 사항

5. **'도시교통정비 촉진법'에 따른 교통영향평가에 관한 사항**(B)

5의2. '소방시설 설치 및 관리에 관한 법률'에 따른 성능 위주 설계의 평가에 관한 사항

5의3. '자연재해대책법'에 따른 재해영향평가에 관한 사항

6. '환경영향평가법'에 따른 환경영향평가 등에 관한 사항

7. 그 밖에 국토교통부장관, 시·도지사 또는 시장·군수 등이 필요하다고 인정해 통합심의에 부치는 사항

② 사업시행자가 통합심의를 신청하는 경우에는 제1항 각 호와 관련된 서류를 첨부해야 한다. 이 경우 정비구역의 지정권자는 통

합심의를 효율적으로 처리하기 위해 필요하다면 제출 기한을 정해 제출하도록 할 수 있다.

(A) '부서 간 칸막이'를 허무는 행정의 효율화

과거에는 건축심의를 통과하면 교통심의에서 수정을 요구하고, 다시 교육환경평가에서 발목을 잡히는 등 소위 '핑퐁 행정'이 잦았다. 제50조의2는 이러한 행정 낭비를 방지하기 위해 절차적 통합을 명문화한 것이다. 이는 행정청의 재량 사항이 아니라 해야 한다는 의무 사항으로 규정되어 있어, 사업시행자의 절차적 권리를 강력하게 보호하고 있다.

(B) 실무에서 체감하는 '시간이 곧 돈'인 이유

정비사업 현장 실무자들에게 통합심의는 가뭄의 단비와 같다. 개별적으로 진행할 경우, 짧게는 1~2년, 길게는 3년 넘게 걸리던 인허가 기간을 **6개월에서 1년 이내**로 줄일 수 있기 때문이다. 특히 가장 까다로운 '교육환경평가'와 '교통영향평가'를 한꺼번에 다루기 때문에, 설계안을 여러 번 고쳐야 하는 리스크를 사업 초기 단계에서 일거에 해소할 수 있다.

단지 배치도와 조감도, 제대로 읽는 법

1. 조감도(Bird's-eye View) : "미래의 완성 샷"

조감도는 새가 하늘에서 내려다본 것처럼 그린 그림이다. 단지의 전체적인 디자인과 랜드마크로서의 위용을 보여준다.

- **스카이라인 확인** : 통합심의에서 승인된 주동의 높낮이를 확인하자. 주변 경관과 어우러지면서도 우리 단지만의 개성이 드러나는지 봐야 한다.
- **외관 특화** : 커튼월룩(유리 마감처럼 보이는 외벽), 경관 조명, 옥탑 조형물 등 통합심의에서 공을 들인 '특화 디자인'이 어디에 녹아 있는지 찾아보자.
- **주의할 점** : 조감도는 '예술적 상상력'이 가미된다. 실제보다 넓어 보이거나 조명이 화려할 수 있으니, 주변 건물과의 실제 거리감을 반드시 염두에 두어야 한다.

2. 단지 배치도(Site Layout) : "아파트의 설계 도면"

배치도는 단지 안의 모든 시설을 평면으로 나타낸 지도다. 실무적으로 조감도보다 훨씬 중요한 정보가 담겨 있다.

단지 배치도 체크포인트

확인 항목	전문가의 체크포인트
방위표(N)	**정북 방향**을 반드시 확인하자. 모든 동이 남향 위주로 배치되었는지, 일조권 침해는 없는지가 여기서 결정된다.
동간 거리	동과 동 사이가 너무 가깝지는 않은지 살펴보자. 사생활 보호와 통풍의 핵심이다.
보차 분리	차량 출입구와 보행자 전용 도로가 확실히 나뉘어 있는지, 지상에 차 없는 단지가 구현되었는지 확인하자.
공공기여시설	통합심의 조건으로 들어간 기부채납시설(도서관, 어린이집, 공원 등)의 위치를 보자. 주민 이용은 편하면서 외부인 동선과 잘 분리되었는지 확인하자.

Q1. 조감도에는 나무가 울창한데, 실제로도 그렇게 지어지나?

A. 조감도의 조경은 '예시'인 경우가 많다. 실제로 식재되는 나무의 종류와 크기는 나중에 '조경 설계 도서'를 따로 확인해야 한다. 다만, 통합심의에서 확정된 큰 숲이나 수경시설(분수 등)의 위치는 거의 그대로 유지된다.

Q2. 배치도에서 가장 중요한 '로열 동'을 고르는 실전 비법이 있나?

A. 배치도를 펼쳤을 때 가장 먼저 방위표(N)와 주변 지형을 확인해보자. 그 후 다음의 표에서 4가지 관점으로 살펴보면 도움이 될 것이다.

로열 동과 로열 호수 고르는 비법

구분	로열 동(Royal)	일반 동(Standard)
조망	강, 공원, 산 등 확 트인 영구 조망	앞 동의 뒷모습이 보이는 단지 내부 조망
소음	단지 중심부(자동차 소음 없음)	대로변 또는 상가 인접(생활 소음 있음)
채광	정남향 또는 동남향(일조시간 긺)	동향 또는 서향(채광 불균형)
편의	역세권 출구, 커뮤니티 인접	단지 외곽, 경사지 위치

"멋진 조명에 속지 말고, '선'과 '면'을 보라."

1. **그늘 찾기** : 조감도는 대개 해가 잘 드는 낮을 배경으로 한다. 하지만 배치도를 보며 **겨울철 정오에 우리 집에 해가 들지**를 상상해야 한다. 앞 동이 너무 높거나 간격이 좁다면 영구적 음영지역이 생길 수 있다.

2. **'공공 보행 통로' 확인하기** : 통합심의의 단골 조건이다. 단지 중앙을 가로질러 외부인이 지나다니는 길이 있다면, 보안(보안 게이트 설치 등) 대책이 설계에 반영되어 있는지 살펴야 한다.

3. **커뮤니티시설 접근성** : 헬스장, 골프연습장, 카페가 지하에 위치하고 있는지, 선큰(Sunken, 지하로 트인 광장)을 통해 햇빛이 드는 '지상 같은 지하'에 위치하고 있는지 확인하는 것이 프리미엄 단지를 가르는 기준이 되므로, 커뮤니티시설의 종류 및 위치 등 접근성을 체크해야 한다.

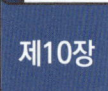

제10장

정비사업의 건축 허가
: 사업시행계획인가

1. 사업시행계획인가란? "사업의 최종 확정판"

사업시행계획은 우리 동네를 어떻게 바꿀 것인지에 대한 '종합 실행 매뉴얼'이다. 구청장(시장·군수 등)이 이 계획을 인가하면, 조합은 비로소 해당 구역 내에서 건물을 부수고 새로 지을 수 있는 **법적인 사업권**을 얻게 되는 것이다. 실무 환경에서는 통합심의 이후 이 인가 단계까지의 속도가 사업의 수익성을 결정짓는 핵심 지표가 된다.

- **비유** : 일반 건축에서 말하는 '건축 허가'의 정비사업 버전이라고 할 수 있다.
- **의미** : "이 계획대로라면 도시 미관도 해치지 않고, 학교 문제도 없으며, 안전하게 지을 수 있음을 국가가 보증한다"라는 것으로 이해하면 된다.

2. 무엇이 담겨 있나?(사업시행계획서의 4대 핵심)

도시정비법 조문에는 사업시행계획서의 내용으로 13가지 이상이

나열되어 있지만, 핵심은 다음 4가지 부문으로 압축할 수 있다.

사업시행계획서의 주요 내용

구분	주요 내용
건축 계획	아파트 배치, 층수, 용적률, 건폐율, 평면 설계
기반시설	단지 주변 도로 확장, 공원 조성, 공공시설 기부채납
이주·범죄 예방	세입자와 주민들의 이주 대책, 빈집 범죄 예방(CCTV 등)
환경·교육	공사 중 소음·먼지 대책, 인근 학교 일조권 보호 계획

3. 사업시행계획인가까지의 4단계 프로세스

(1) 조합원 총회(민주적 동의)

작성된 계획안을 조합원들에게 공개하고 **과반수 찬성**(직접 출석 20%)을 얻어야 한다(매우 중요한 절차적 요건).

(2) 인가 신청 및 협의

구청장(시장·군수 등)에게 서류를 내면, 구청장은 소방서·교육청 등 유관기관과 "이대로 지어도 문제없겠느냐"라며 협의를 진행한다.

(3) 주민 공람(14일 이상)

일반 주민들에게 계획서를 보여주고 의견을 듣는 기간이다. 이해 관계자들이 목소리를 낼 수 있는 마지막 기회다.

(4) 인가 고시(공식 발표)

모든 절차가 끝나면 구청이 공보에 게시한다. 이제 사업은 '되돌릴 수 없는 확정 단계'에 진입한다.

4. 인가 시 유의사항 및 주요 쟁점

사업시행계획인가 시 유의사항과 주요 쟁점에 대해 다음의 표와 같이 정리할 수 있다.

사업시행계획인가 시 유의사항과 주요 쟁점

구분	내용
조합원 동의 누락	사업계획에 대해 조합 총회 의결과 동의서 확보 필요
공공기여 적정성 문제	기반시설 기부채납 면적, 비용 산정 검토 필요
기반시설과 도시계획의 정합성	도시계획위원회 심의 결과 반영 필요
사업비 추정 오류	추후 분담금 갈등 유발 가능 → 전문가 검토 필요
법정 기한 내 인가 미처리	인허가 지연 시 민원 제기 가능, 행정절차법상 책임 발생 가능성

Q1. 인가 신청을 했는데 구청에서 거부할 수도 있나?

A. 법적 요건을 모두 갖추고 통합심의를 통과했다면 거부하기 어렵다. 다만, 공공기여(기부채납)가 부족하거나 교육환경 보호 대책이 미흡할 경우, '보완 지시'를 내려 기간이 길어질 수도 있다.

Q2. 인가 고시가 나면 내 집값은 어떻게 되나?

A. 대개는 호재로 작용한다. "이 사업은 이제 무조건 간다"라는 확신을 시장에 주기 때문에 그렇다. 하지만 인가 시점에 공사비가 너무 높게 책정되었다면 오히려 사업성 우려로 가격이 주춤할 수도 있다.

Q3. 총회 의결 때 반대한 조합원은 어떻게 되나?

A. 민주주의 원칙에 따라 과반수가 찬성해 인가가 나면, 반대했던 조합원도 원칙적으로는 결정된 사업계획을 따라야 한다. 사업 자체를 거부하고 싶다면 이후 분양신청을 하지 않음으로써 '현금청산'을 신청할 수 있다.

"사업시행계획인가는 '돈 계산'의 기준점이 된다."

1. **감정평가의 기준일** : 가장 중요한 사실이다. 주민의 재산 가치를 평가하는 **'종전자산 감정평가'의 기준일**이 바로 '사업시행계획인가 고시일'이다. 이 날짜의 시세를 기준으로 내 집값이 결정되므로, 시장 상황에 따라 조합원들의 희비가 엇갈리기도 한다.

2. **인가 이후에는 수정이 어려움** : 인가를 받고 나면 설계를 바꾸기가 매우 까다롭다(경미한 변경 제외). 따라서 인가 전 총회 단계에서 내가 원하는 평형이나 단지 배치가 제대로 반영되었는지 현미경처럼 살펴봐야 한다.

법령으로 찾아보는 사업시행계획인가

제50조(사업시행계획인가) ① 사업시행자(제25조 제1항 및 제2항에 따른 공동시행의 경우를 포함하되, 사업시행자가 시장·군수 등인 경우는 제외한다)는 정비사업을 시행하려는 경우에는 제52조에 따른 사업시행계획서(이하 "사업시행계획서"라 한다)에 정관 등과 그 밖에 국토교통부령으로 정하는 서류를 첨부해 시장·군수 등에게 제출하고 **사업시행계획인가(A)**를 받아야 하고, 인가받은 사항을 변경하거나 **정비사업을 중지 또는 폐지(B)**하려는 경우에도 또한 같다. 다만, 대통령령으로 정하는 경미한 사항을 변경하려는 때에는 시장·군수 등에게 신고해야 한다.

(A) 사업시행계획인가의 법적 성질 : '설권적 처분'

사업시행계획인가는 단순히 조합의 계획을 확인해주는 '수리' 행위가 아니다. 이는 조합에게 정비사업을 실시할 수 있는 권능을 부여하고, 계획에 담긴 설계대로 건축할 권리를 확정해주는 설권적 행정처분이다. 이 인가가 고시되면 비로소 조합은 해당 구역 내에서 독점적인 사업시행권을 행사할 수 있게 된다.

사업시행계획인가 고시가 나면 90일 이내에 조합원들에게 "아파트를 신청하세요"라고 공고해야 한다(제72조 참조). 다만, 재개발사업 중 면적이 10,000㎡ 이상이라면 1회에 한해 30일의 범위 내에서 연장이 가능하다.

(B) '사업 중지 및 폐지' 조항이 실무에 주는 경고

정비사업 실무에서 제50조의 '중지 또는 폐지' 조항을 결코 가볍게 봐서는 안 된다. 사업시행계획인가를 받은 후 공사비 폭등이나 주민 갈등으로 사업을 멈추려고 할 때도 인가권자의 허락이 필요하다는 뜻이다. 이는 정비사업이 개인의 재개발을 넘어 '공공의 주거환경 개선'이라는 공익적 성격을 띠고 있어, 마음대로 사업을 접거나 방치할 수 없도록 법이 관리하고 있음을 의미한다.

제4부

가치의 분배
: 내 재산의 가치와 성적표

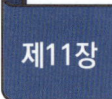

제11장 감정평가와 조합원 분양 신청

1. 감정평가의 본질과 역할

정비사업에서 감정평가는 단순히 내 집의 가격을 매기는 것이 아니라, 전체 사업이라는 큰 파이에서 **내가 가질 지분(권리)의 크기를 확정**하는 일이다.

- **종전자산평가** : 사업시행계획인가 고시일을 기준으로 현재 내가 가진 부동산의 가치를 평가한다. 이는 나중에 새 아파트를 받을 때 내야 할 분담금을 계산하는 가장 기초적인 숫자가 된다.
- **형평성의 도구** : 모든 조합원의 자산을 동일한 시점과 기준으로 평가함으로써 특정인이 이득을 보거나 손해를 보지 않도록 균형을 잡는다.
- **권리가액의 결정** : 감정평가액에 사업 수익성을 나타내는 비례율을 곱하면 비로소 내 진짜 재산 가치인 권리가액이 산출된다.

2. 감정평가의 공정성과 절차

감정평가의 공정성을 높이기 위해 도시정비법은 감정평가법인의 선정 주체를 엄격히 제한한다.

- **감정평가법인 선정** : 재개발은 시장·군수 등이 선정한 2인 이상의 감정평가법인 등이, 재건축은 시장·군수 등이 선정한 1인 이상의 감정평가법인 등과 조합총회에서 선정한 1인 이상의 감정평가법인 등이 참여한다. 이들이 평가한 금액의 산술평균값이 최종 평가액이 된다.
- **평가 기준** : 개발이익이 포함된 미래 가치가 아니라, **사업시행계획인가 고시일 당시의 객관적인 상태**를 기준으로 한다. 따라서 인근의 실거래가나 호가보다는 보수적으로 책정되는 경향이 있다.

3. 조합원 분양신청 : 운명의 갈림길

분양신청은 조합원이 정비사업을 통해 새로운 주택이나 상가를 분양받을 것인지, 아니면 현금청산자로 남을 것인지를 결정하는 중요한 절차다. 또한, 분양신청이 단순히 신청서 제출을 넘어 사업의 실질적인 규모와 수익성을 확정 짓는 데이터 수집 과정이라는 의미도 있다. 조합원은 감정평가 결과가 통지되면 분양신청 기간(약 30~60일) 내에 결단을 내려야 한다.

- **분양신청** : 새 아파트 입주권을 선택하는 행위다. 이때 신청한 평형에 따라 향후 배정받을 동·호수의 범위가 결정된다.
- **현금청산** : 분양신청을 하지 않거나 철회하면 조합원 지위를 잃고 현금으로 보상을 받고 떠나게 된다. 한번 기간을 놓치면 되돌릴 수 없으므로 주의가 필요하다.
- **1+1 분양 전략** : 자산 가치가 크거나 주거전용면적이 넓은 소유자는 2주택 신청이 가능하다. 다만, 추가로 받는 1주택은 주거전용면적 60㎡ 이하여야 하며, 이전고시 후 3년 동안 팔 수 없는 규제가 따른다.

＊ 여기서 말하는 조합원 분양은 일반 분양과는 다른 것이라는 것에 유의해야 한다. 일반 분양은 조합원 분양 이후 남은 세대를 일반인에게 공개적으로 공급하는 방식이다. 이는 청약통장 가입자 중에서 추첨이나 가점제 등을 통해 당첨자를 선정한다.

Q1. 감정평가액에 불만이 있으면 이의 신청을 할 수 있나?

A. 절차상 협의나 이의 신청이 가능하지만, 산출 근거가 명확한 경우 평가액이 크게 바뀌는 일은 드물다. 오히려 관리처분계획에 대한 이의제기나 소송으로 번지는 경우가 많으나, 사업 지연에 따른 금융비용 증가라는 부메랑으로 돌아올 수 있음을 유의해야 한다.

Q2. 원하는 평형에 사람이 몰리면 어떻게 배정하나?

A. 신청자가 공급 세대수보다 많을 경우, 보통 권리가액이 높은 순서대로 우선권을 준다. 권리가액 순위에서 밀리면 2순위, 3순위 지망 평형으로 배정된다. 정비사업조합에 따라서 추첨제를 활용하기도 한다. 즉, 우리 조합의 정관이나 관리처분계획 수립기준을 확인해야 한다.

Q3. 현금청산금은 언제 받게 되나?

A. 관리처분계획인가 이후 협의를 거쳐 지급된다. 그러나 협의가 안 될 경우 재개발은 토지수용위원회를 통한 재결 절차를, 재건축은 매도청구소송 절차를 밟게 되며, 이 기간 동안 이주를 거부하면 명도 소송 등의 복잡한 법적 분쟁이 발생할 수 있다.

"감정평가액이 낮다고 실망할 필요는 없다."

1. **상대적 가치가 중요** : 많은 조합원이 감정평가액이 주변 시세보다 낮다며 분노하곤 한다. 하지만 감정평가는 절대금액보다 상대적 순위가 중요하다. 나만 낮은 것이 아니라 이웃 모두가 같은 기준으로 낮게 평가받았다면, 내 지분율에는 변함이 없다. 오히려 평가액이 낮으면 취득세 등 세금 측면에서 유리할 수도 있다.

2. **분양신청 기간은 생명줄** : 실무에서 가장 안타까운 사례는 신청기간을 깜빡하거나 해외 체류 등의 사유로 놓치는 경우다. 법원은 분양신청 기간이 지난 것에 대해 매우 엄격하다. 구제받기 거의 불가능하므로, 사업시행계획인가 이후에는 조합의 통지문을 매우 주의해 살펴보아야 한다.

3. **비례율의 착시를 조심** : 감정평가액이 나오면 반드시 예상 비례율을 함께 보자. 분담금은 다음 공식에 의해 결정된다. 따라서 감정평가액이 낮아도 비례율이 높으면 분담금은 줄어든다.

분담금 = 분양가 – (감정평가액 × 비례율)

법령으로 찾아보는 감정평가와 조합원 분양신청

제72조(분양공고 및 분양신청) ① 사업시행자는 제50조 제9항에 따른 사업시행계획인가의 고시가 있은 날(사업시행계획인가 이후 시공자를 선정한 경우에는 시공자와 계약을 체결한 날)부터 90일(대통령령으로 정하는 경우에는 1회에 한정해 30일의 범위에서 연장할 수 있다) 이내에 다음 각 호의 사항을 토지등소유자에게 통지하고, 분양의 대상이 되는 대지 또는 건축물의 내역 등 대통령령으로 정하는 사항을 해당 지역에서 발간되는 일간신문에 공고해야 한다. 다만, 토지등소유자 1인이 시행하는 재개발사업의 경우에는 그러하지 아니하다.

1. **분양 대상자별 종전의 토지 또는 건축물의 명세 및 사업시행계획인가의 고시가 있은 날을 기준으로 한 가격(A)**(사업시행계획인가 전에 제81조 제3항에 따라 철거된 건축물은 시장·군수 등에게 허가를 받은 날을 기준으로 한 가격)

2. 분양 대상자별 분담금의 추산액

3. 분양신청 기간

4. 그 밖에 대통령령으로 정하는 사항

② 제1항 제3호에 따른 분양신청 기간은 통지한 날부터 30일 이상 60일 이내로 해야 한다. 다만, 사업시행자는 제74조 제1항에 따른 관리처분계획의 수립에 지장이 없다고 판단하는 경우에는

분양신청 기간을 20일의 범위에서 한 차례만 연장할 수 있다.

③ 대지 또는 건축물에 대한 분양을 받으려는 토지등소유자는 제2항에 따른 분양신청 기간에 대통령령으로 정하는 방법 및 절차에 따라 사업시행자에게 대지 또는 건축물에 대한 분양신청을 해야 한다.

④ 사업시행자는 제2항에 따른 분양신청 기간 종료 후 제50조 제1항에 따른 사업시행계획인가의 변경(경미한 사항의 변경은 제외한다)으로 세대수 또는 주택규모가 달라지는 경우 제1항부터 제3항까지의 규정에 따라 분양공고 등의 절차를 다시 거칠 수 있다.

⑤ 사업시행자는 정관 등으로 정하고 있거나 총회의 의결을 거친 경우 제4항에 따라 제73조 제1항 제1호 및 제2호에 해당하는 토지등소유자에게 분양신청을 다시 하게 할 수 있다

⑥ 제3항부터 제5항까지의 규정에도 불구하고 투기과열지구의 정비사업에서 제74조에 따른 관리처분계획에 따라 같은 조 제1항 제2호 또는 제1항 제4호 가목의 분양 대상자 및 그 세대에 속한 자는 분양 대상자 선정일(조합원 분양분의 분양 대상자는 최초 관리처분계획인가일을 말한다)부터 5년 이내에는 투기과열지구에서 제3항부터 제5항까지의 규정에 따른 분양신청을 할 수 없다. 다만, 상속, 결혼, 이혼으로 조합원 자격을 취득한 경우에는 분양신청을 할 수 있다.

⑦ 공공재개발 사업시행자는 제39조 제2항 제6호에 따라 건축물 또는 토지를 양수하려는 경우 무분별한 분양신청을 방지하기 위해 제1항 또는 제4항에 따른 분양공고 시 양수대상이 되는 건축

물 또는 토지의 조건을 함께 공고해야 한다.

제73조(분양신청을 하지 아니한 자 등에 대한 조치) ① 사업시행자는 관리처분계획이 인가·고시된 다음 날부터 90일 이내에 다음 각 호에서 정하는 자와 토지, 건축물 또는 그 밖의 권리의 손실보상에 관한 협의를 해야 한다. 다만, 사업시행자는 분양신청 기간 종료일의 다음 날부터 협의를 시작할 수 있다.

1. 분양신청을 하지 아니한 자

2. 분양신청 기간 종료 이전에 분양신청을 철회한 자

3. 제72조 제6항 본문에 따라 분양신청을 할 수 없는 자

4. 제74조에 따라 인가된 관리처분계획에 따라 분양 대상에서 제외된 자

② 사업시행자는 제1항에 따른 협의가 성립되지 아니하면 그 기간의 만료일 다음 날부터 60일 이내에 수용재결을 신청하거나 매도청구 소송을 제기해야 한다.

③ 사업시행자는 제2항에 따른 기간을 넘겨서 수용재결을 신청하거나 매도청구소송을 제기한 경우에는 해당 토지등소유자에게 지연일수(遲延日數)에 따른 이자를 지급해야 한다. 이 경우 이자는 100분의 15 이하의 범위에서 대통령령으로 정하는 이율을 적용해 산정한다.

제74조(관리처분계획의 인가 등) ④ 정비사업에서 제1항 제3호·제5호 및 제8호에 따라 재산 또는 권리를 평가할 때에는 다음 각 호의 방법에 따른다.

1. '감정평가 및 감정평가사에 관한 법률'에 따른 감정평가법인 등 중 다음 각 목의 구분에 따른 감정평가법인 등이 평가한 금액을 산술평균해 산정한다. 다만, 관리처분계획을 변경·중지 또는 폐지하려는 경우 분양 예정 대상인 대지 또는 건축물의 추산액과 종전의 토지 또는 건축물의 가격은 사업시행자 및 토지등소유자 전원이 합의해 산정할 수 있다.

   가. 주거환경개선사업 또는 재개발사업 : 시장·군수 등이 선정·계약한 2인 이상의 감정평가법인 등

   나. 재건축사업 : 시장·군수 등이 선정·계약한 1인 이상의 감정평가법인 등과 조합총회의 의결로 선정·계약한 1인 이상의 감정평가법인 등(B)

2. 시장·군수 등은 제1호에 따라 감정평가법인 등을 선정·계약하는 경우 감정평가법인 등의 업무수행 능력, 소속 감정평가사의 수, 감정평가 실적, 법규 준수 여부, 평가계획의 적정성 등을 고려하여 객관적이고 투명한 절차에 따라 선정해야 한다. 이 경우, 감정평가법인 등의 선정·절차 및 방법 등에 필요한 사항은 시·도 조례로 정한다.

3. 사업시행자는 제1호에 따라 감정평가를 하려는 경우 시장·군수 등에게 감정평가법인 등의 선정·계약을 요청하고 감정평가에 필요한 비용을 미리 예치해야 한다. 시장·군수 등은 감정평가가 끝난 경우 예치된 금액에서 감정평가 비용을 직접 지급한 후 나머지 비용을 사업시행자와 정산해야 한다.

(A) 분양신청 통지 시 '종전자산가격' 포함의 의미

법 제72조 제1항 제1호는 조합원의 '알 권리'와 '자기결정권'을 보장하는 핵심 장치다. 내 옛집이 얼마인지(종전자산평가액), 그래서 추가로 낼 돈이 얼마인지(분담금 추산액)를 정확히 알아야만 분양신청을 할지, 아니면 현금청산을 받고 나갈지를 결정할 수 있기 때문이다. 이 통지 절차에 하자가 있다면 향후 관리처분계획 전체의 취소 사유가 될 수 있을 만큼 중요하다.

(B) 감정평가법인 선정 방식의 실무적 차이

재개발과 재건축의 가장 큰 차이 중의 하나가 바로 제74조 제4항에 따른 감정평가사 선정권이다. 재개발은 시장·군수 등이 전권을 가지고 2인 이상을 뽑지만, 재건축은 시장·군수 등이 1인 이상, **조합 총회**에서 1인 이상을 각각 뽑는다. 재건축 조합원들이 감정평가 결과에 대해 상대적으로 수용도가 높은 이유는 자신들이 직접 뽑은 평가사가 참여하기 때문이다.

(C) 분양신청 단계별 '골든 타임' 체크리스트

(법 제72조 및 제73조를 실무적으로 재구성)

1. 분양공고 및 통지 : 사업시행계획인가 고시일(또는 시공사 계약 체결

일) 후 **90일** 이내에 실행한다. 재개발의 경우 면적이 10,000㎡ 이상이라면 1회에 한해 30일 이내에서 연장 가능하다(시도의 조례 확인).

2. **분양신청 기간** : 통지한 날부터 **30~60일** 이내(관리처분계획의 수립에 지장이 없다고 판단하는 경우, 20일 범위 내 1회 연장 가능).

3. **투기과열지구 5년 재당첨 제한** : 제72조 제6항에 따라 투기과열지구 내에서 이미 분양 대상자로 선정[일반 분양분의 분양 대상자는 분양 대상자 선정일(당첨자 발표일), 조합원 분양분의 분양 대상자는 최초 관리처분계획인가일]된 적이 있다면 5년 내 투기과열지구에서 분양신청이 금지된다.

4. **협의 기간** : 관리처분계획이 인가·고시된 다음 날부터 **90일 이내**에 현금청산자와 협의를 완료해야 한다.

5. **소송 및 수용** : 협의 실패 시 만료일 다음 날부터 60일 이내 재개발은 수용재결을 신청하고, 재건축은 매도청구소송을 제기해야 한다. 만일, 기간을 넘겨서 수용재결 신청 또는 매도청구소송을 제기한 경우 해당 토지등소유자에게 경과한 기간에 따라 지연일수에 따른 이자를 지급해야 한다(6개월 이내 : 5%, 6개월 초과~12개월 이내 : 10%, 12개월 초과 시 : 15%).

내 재산의 가치표 : 비례율과 분담금

재개발과 재건축의 정비사업에서 가장 중요한 것은 "내가 나중에 새 아파트에 들어갈 때 얼마를 더 내야 하는가? 혹은 얼마를 돌려받는가?"라는 물음이다. 이를 결정하는 2개의 핵심 기둥이 바로 비례율과 분담금이다.

1. 비례율 : 우리 동네 사업의 '성적표'

비례율은 쉽게 말해, "우리 동네를 다 개발해서 벌어들인 순이익이, 우리가 원래 가진 자산 가치에 비해 얼마나 되는가"를 나타내는 비율이다.

▶ 공식

비례율 = [총수입 추산액(분양수입금 등) - 총지출 추산액(사업비 등)]

/분양 대상 조합원의 종전자산 총평가액 × 100

▶ 사례로 이해하기

우리 동네 기존 집값 총합이 1,000억 원인데, 새 아파트를 지어서 판 돈(총수입)이 2,000억 원이고, 공사비 등 쓴 돈(사업비)이 800억 원이라면?

비례율 : (2,000억 원 - 800억 원) / 1,000억 원 × 100 = 120%

즉, 내 집의 가치가 사업을 통해 20% 정도 이득을 보았다고 이해하면 쉽다.

2. 분담금 : 내가 실제로 내야 할 '고지서'

조합원(분양 대상자)은 종전자산(토지 또는 건축물 등)을 현물로 출자하고, 종후자산(아파트 또는 상가 등)을 분양받을 권리를 가지게 되며, 이때 나의 종전자산에 대한 권리가액과 분양받을 아파트 또는 상가 등의 분양가격과의 차액에 대해 분담금을 납부하거나 환급받게 되므로, 여기서 중요한 개념이 바로 '권리가액'이다.

① 권리가액(내 집의 진짜 가치)

내 집의 감정평가액이 그대로 인정받는 것이 아니라, 종전자산 감정평가액에 비례율을 곱해야 진짜 내 재산의 가치가 된다.

권리가액 = 종전자산가치 × 비례율

② 분담금 계산(최종 고지서)

분담금 = 내가 분양받을 아파트 등의 분양가격 – 권리가액

• 분양가액 > 권리가액일 경우, 조합원에게 분담금 발생

• 분양가액 < 권리가액일 경우, 조합원에게 환급금 발생

▶ 사례로 이해하기(A 조합원의 경우)

A의 기존 집값(감정평가액) : 3억 원

사업 비례율 : 120%

A의 권리가액 : 3억 원 × 120% = 3.6억 원

A가 신청한 새 아파트 분양가 : 5억 원

최종 분담금 : 5억 원(분양가액) - 3.6억 원(권리가액) = 1.4억 원(A는 입주 시 1.4억 원을 더 내야 함)

3. 종합 요약

항목	설명
종전자산가치	조합원이 보유하던 기존 건축물과 토지 가치
종후자산가치	분양 예정 대상인 대지 또는 건축물의 추산액
비례율	사업 전체 수익성을 나타내는 지표
권리가액	종전자산가치 × 비례율
분담금	조합원이 추가로 내야 할 현금 부담액

Q1. 비례율이 높으면 무조건 좋은 것 아닌가?

A. 이론적으로는 비례율이 높으면 분담금이 줄어드는 장점이 있지만, 실무적으로는 일반 분양가를 과도하게 책정하거나 사업비 등 총지출액을 낮게 책정해서 비례율을 높이는 경우도 있다. 중요한 것은 '비례율 그 자체보다 적절하게 수입금과 지출금이 반영되었는지'이다. 사업 과정에서 공사비 증가, 금융비용 증가, 분양가 변동, 사업 지연 등의 변수로 인해 당초 계획과 달리 변경되는 경우가 빈번하므로, 비례율은 사업이 완료될 때까지 변경될 수 있다. 따라서 비례율 숫자 하나만 보고 일희일비해서는 안 된다.

Q2. 분담금은 언제 내나?

A. 보통은 계약금, 중도금, 잔금의 형태로 나누어서 낸다. 정관 또는 시공사와 체결한 도급계약서상의 분양금 납부 비율과 납부 시기가 중요하다. 관리처분계획인가 이후 이주 시점부터 입주 시점까지의 자금 흐름을 미리 파악해두어야 현금청산의 위기를 피할 수 있다.

1. **비례율 100%의 의미** : 비례율이 100%보다 낮으면 사업성이 나쁜 것이고, 높으면 수익성이 좋은 것이지만, 관리처분계획 단계에서 조합은 비례율을 100% 내외로 조정하려는 경향이 있다 (향후 발생할 법인세 등을 고려하여 비례율을 조정함). 따라서 숫자 자체보다 사업비(공사비) 관리가 잘 되는지를 봐야 한다.

2. **안전자산 평가** : 비례율은 사업 도중 공사비가 오르거나 미분양이 나면 언제든 떨어질 수 있다. 따라서 분담금을 예상할 때는 비례율을 조금 보수적으로(낮게) 잡고 자금 계획을 세우는 것이 안전하다.

3. **초과이익환수제**(재건축) : 비례율이 지나치게 높으면 조합원 1인당 평균이익이 커져 재건축초과이익 환수금이 많이 나올 수 있다. 전문가들은 이를 고려해 적정 비례율을 유지하는 전략을 짜기도 한다.

제12장

운명의 성적표
: 관리처분계획의 수립 및 인가

1. 관리처분계획 : 부동산 실물이 '입주권'으로 바뀌는 변곡점

관리처분계획은 정비사업의 모든 과정 중 가장 민감하고 치열한 단계다. 지금까지의 과정이 '우리 동네가 좋아질 것'이라는 막연한 기대감으로 추진되었다면, 이제는 "내가 몇 동 몇 호에 들어가며, 얼마나 돈을 더 내거나 돌려받는가"가 구체적인 숫자로 확정되는 순간이기 때문이다.

이 계획은 기존의 낡은 집(종전자산)을 새 아파트(종후자산)로 바꾸는 일종의 '법적 교환 장부'와 같다. 이 장부가 시장·군수 등의 승인(인가)을 받는 순간, 조합원은 더 이상 내 집에서 잠을 잘 수도, 월세를 받을 수도 없는 상태가 된다. 즉, 부동산이라는 **물리적 실물**이 **입주권이라는 권리**로 완전히 탈바꿈하는 법적 변곡점이라 할 수 있다.

2. 관리처분계획 핵심 구성 요소와 계산의 원리

관리처분계획의 핵심은 단순하다. 내 권리가액과 분양가액의 차액을 계산하는 것이다.

- **권리가액** : 내 집의 감정평가액에 사업의 수익률(비례율)을 곱한 값이다.
- **분담금** : 내가 분양받을 새 아파트 가격에서 내 권리가액을 뺀 금액이다. 만약 권리가액이 더 크다면 돈을 돌려받게(환급금) 된다.
- **이주 및 철거계획** : 누가 언제 나갈 것인지, 세입자 보상은 어떻게 할 것인지에 대한 상세한 스케줄이 포함된다.

3. 관리처분계획 총회의 관전 포인트 : "민주적 정당성과 브레이크"

관리처분계획의 수립 및 인가 절차에서 가장 중요한 포인트는 관리처분계획총회에서의 **조합원 직접 참여**다.

- **20% 직접 출석의 원칙** : 일반적인 총회와 달리 관리처분계획 총회는 조합원 **20% 이상이 현장에 직접 출석**해야 의결 효력이 있다. 이는 서면결의서에만 의존하지 말고, 본인의 재산권이 결정되는 순간에 주체적으로 참여하라는 법적 장치다.
- **사업비 10% 증액의 벽** : 물가상승률분과 손실보상 금액을 제외한 사업비가 10% 이상 늘어날 경우, **조합원 3분의 2 이상의 찬성**이라는 가중된 의결 요건이 필요하다. 이는 조합원들의 부담이 급격히 늘어나는 분담금 폭탄을 방지하는 강력한 브레이크 역할을 한다.

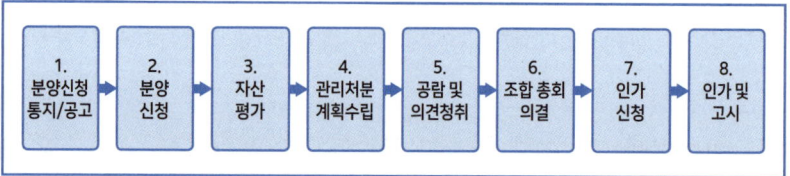

관리처분계획 수립 및 인가 절차

| 1. 분양신청 통지/공고 | 2. 분양 신청 | 3. 자산 평가 | 4. 관리처분 계획수립 | 5. 공람 및 의견청취 | 6. 조합 총회 의결 | 7. 인가 신청 | 8. 인가 및 고시 |

4. 인가 고시의 강력한 법적 효과 : "사용·수익의 정지"

관리처분계획인가 고시가 나면 그날부터 종전 토지 및 건축물의 **사용·수익이 정지**된다. 소유권은 여전히 유지되지만, 점유할 권리는 조합으로 넘어간다.

- **이주 개시** : 조합은 이주비를 지급하고, 주민들은 정해진 기간 내에 집을 비워주어야 한다.
- **철거 단계 진입** : 이 고시는 시공사가 포클레인을 투입해 건물을 부술 수 있는 법적 명분이 된다.

Q1. 관리처분계획인가가 나면 무조건 바로 나가야 하나?

A. 인가 고시가 나면 법적으로는 사용·수익이 정지되지만, 실제로는 조합이 정한 이주 기간 내에 나가면 된다. 보통 인가 후 2~4개월 뒤부터 이주를 시작하며, 이주비 대출을 신청해 그 돈으로 전세를 구해서 나가는 것이 일반적이다.

Q2. 이주비 대출은 누구나 동일하게 나오나?

A. 아니다. 개인의 신용도, 다주택 여부, 해당 지역의 대출 규제(LTV 등)에 따라 한도가 달라진다. 특히 대출 정책은 수시로 변하므로, 자금 계획을 세우기 전 반드시 금융기관에 본인의 대출 가능 금액을 확인해두어야 자금 계획에 차질이 생기지 않는다.

Q3. 인가 후에 아파트를 팔아도 조합원 자격이 유지되나?

A. 매우 주의해야 한다. 비규제지역에서는 매매가 가능하지만, 투기과열지구의 경우 재건축은 조합설립인가 후, 재개발은 관리처분인가 후에 매수하면 원칙적으로 조합원 자격 승계가 되지 않아 현금청산 대상이 될 수 있다. 물론 일정 기간 보유와 거주 등 예외 조항이 있기는 하나 복잡하므로 매매 전 반드시 전문가의 검토가 필요하다.

"관리처분계획인가 이후, 시간은 곧 여러분의 돈이다."

1. **이주 기간 단축이 최고의 재테크** : 관리처분계획인가가 나면 거액의 이주비 대출이 실행된다. 매달 나가는 어마어마한 이자 는 사업비 증가로 이어져 결국 조합원들의 분담금을 높이게 된다. 한두 집이 이주를 거부해 사업이 반년만 늦어져도 조합 원 1명당 수천만 원의 손해가 발생할 수 있다.

2. **재개발의 핵심은 '명도'와 '보상'** : 특히 재개발구역은 세입자의 주거이전비 등 보상 문제로 갈등이 잦다. 관리처분계획인가 전 부터 세입자와 긴밀히 소통하고 법적 절차를 투명하게 안내해 마찰을 최소화하는 것이 사업 속도를 결정짓는 노하우다.

법령으로 찾아보는 관리처분계획

제74조(관리처분계획의 인가 등) ① 사업시행자는 제72조에 따른 분양신청 기간이 종료된 때에는 **분양신청의 현황을 기초(A)로 다음 각 호의 사항이 포함된 관리처분계획(B)**을 수립해 시장·군수 등의 인가를 받아야 하며, 관리처분계획을 변경·중지 또는 폐지하려는 경우에도 또한 같다. 다만, 대통령령으로 정하는 경미한 사항을 변경하려는 경우에는 시장·군수 등에게 신고해야 한다.

1. 분양설계
2. 분양 대상자의 주소 및 성명
3. 분양 대상자별 분양 예정인 대지 또는 건축물의 추산액(임대관리 위탁주택에 관한 내용을 포함한다)
4. 다음 각 목에 해당하는 보류지 등의 명세와 추산액 및 처분 방법. 다만, 나목의 경우에는 제30조 제1항에 따라 선정된 임대사업자의 성명 및 주소(법인인 경우에는 법인의 명칭 및 소재지와 대표자의 성명 및 주소)를 포함한다.

   가. 일반 분양분
   나. 공공지원민간임대주택
   다. 임대주택
   라. 그 밖에 부대시설·복리시설 등

5. 분양 대상자별 종전의 토지 또는 건축물 명세 및 사업시행계획인가 고시가 있은 날을 기준으로 한 가격(사업시행계획인가 전에 제81조 제3항에 따라 철거된 건축물은 시장·군수 등에게 허가를 받은 날을 기준으로 한 가격)

6. 정비사업비의 추산액(재건축사업의 경우에는 '재건축초과이익 환수에 관한 법률'에 따른 재건축부담금에 관한 사항을 포함한다) 및 그에 따른 조합원 분담 규모 및 분담 시기

7. 분양 대상자의 종전 토지 또는 건축물에 관한 소유권 외의 권리명세

8. 세입자별 손실보상을 위한 권리명세 및 그 평가액

9. 그 밖에 정비사업과 관련한 권리 등에 관해 대통령령으로 정하는 사항

제76조(관리처분계획의 수립기준) ① 제74조 제1항에 따른 관리처분계획의 내용은 다음 각 호의 기준에 따른다.

1. 종전의 토지 또는 건축물의 면적·이용 상황·환경, 그 밖의 사항을 종합적으로 고려해 대지 또는 건축물이 **균형 있게 분양신청자에게 배분**(C)되고 합리적으로 이용되도록 한다.

6. 1세대 또는 1명이 하나 이상의 주택 또는 토지를 소유한 경우 **1주택을 공급**(D)하고, 같은 세대에 속하지 아니하는 2명 이상이 1주택 또는 1토지를 공유한 경우에는 1주택만 공급한다.

(A) 분양신청의 현황을 기초로 하는 이유

관리처분계획의 본질은 '권리 배분'에 있다. 법 제74조에서 '분양신청 현황을 기초'로 한다고 명시한 것은, 조합원의 개별적 의사가 먼저 확인되어야 비로소 자산 배분이 가능함을 의미한다. 즉, 누가 어느 규모의 아파트 등을 받고 누가 현금청산을 받을지 확정되어야만 비로소 전체 사업비와 조합원별 분담금을 계산할 수 있기 때문이다. 그러나 분양신청 결과가 나오기 전에는 결코 관리처분계획을 수립할 수 없다.

(B) 관리처분계획에 반드시 포함되어야 할 '7대 핵심 항목'

(법 제74조 제1항 각 호를 실무적으로 재구성)

1. 분양설계 : 몇 평형을 몇 세대 지을 것인가?

2. 분양대상자 명단 : 누가 새 아파트를 받는가?

3. 종후자산 추산액 : 내가 받을 새 아파트의 예상 가격은 얼마인가?

4. 종전자산가격 : 내 옛날 집의 평가는 얼마로 책정되었는가?(사업시행계획인가 고시일 기준)

5. 정비사업비 추산액 : 전체 사업비는 얼마인가?

6. 분담 규모 및 시기 : 내가 부담할 금액과 납부 시점은 언제인가?

7. 세입자 손실보상 명세 : 세입자에게 줄 주거이전비 등은 얼마인가?

(C) 균형 있는 배분의 실무적 의미

단순히 면적순으로 자르는 것이 아니라, 조망권, 층수, 향(向) 등 주거 환경의 질을 최대한 공정하게 나누라는 뜻이다. 실무에서는 이를 위해 '층별 효용지수' 등을 활용해 최대한 다툼이 없도록 배분 순위를 설계하는 것이 핵심 노하우다.

(D) 1주택 공급 원칙

소유 주택이 아무리 많아도 원칙은 '**하나**'다. 이는 정비사업이 투기의 수단으로 변질되는 것을 막기 위한 '형평성의 원칙'이다. 민법상의 사유재산권 보장보다 공익적 목적의 주거 안정을 우선시하는 공법적 제한이라 볼 수 있다. 다만, 법 제76조 제1항 제7호의 예외조항(1+1 분양 등)에 해당되는지 여부는 전문가와의 상의가 필요하다. 특히 실무적으로 소위 '1+1 분양'을 신청할 때, 추가로 받는 1주택은 주거전용면적 60㎡ 이하이어야 하며, 이전고시일 다음 날부터 3년 동안은 전매(팔기)가 금지된다는 점을 반드시 기억해야 한다.

참고로, 과밀억제권역의 재건축사업의 경우(투기과열지역 또는 조정대상지역은 제외)에는 토지등소유자가 소유한 주택 수의 범위에서 3주택까지 공급받을 수 있고, 과밀억제권역이 아닌 지역의 재건축사업의 경우(투기과열지역 또는 조정대상지역은 제외)에는 소유한 주택 수만큼 공급받을 수 있다.

제5부

실행과 마침표
: 새로운 시작을 위한 마무리

제13장 정착에서 떠남으로 : 이주 및 철거계획

1. 이주 단계의 법적 의미와 시작

관리처분계획인가 고시가 나면 그날부터 해당 구역 내의 모든 부동산에 대한 사용·수익권은 사실상 정지된다. 소유자나 세입자는 더이상 기존 주택에 거주하거나 임대 수익을 얻을 수 없으며, 이는 조합이 원활하게 사업을 추진할 수 있도록 도시정비법이 부여한 강력한 효력이다. 이주 계획은 이 시점부터 조합이 자체적으로 수립해 진행하며, 주민들에게 "언제까지 집을 비워달라"라는 공식적인 안내를 함으로써 시작된다.

2. 이주를 위한 준비 : 신탁등기와 대출

재건축조합은 이주 공고와 함께 조합원들에게 부동산을 조합에 맡긴다는 **신탁등기**를 요구한다. 이는 개별 조합원의 복잡한 권리관계를 단순화해 사업비 대출(담보 제공)을 원활하게 하고, 혹시 모를 경매나 압류로부터 사업지를 보호하기 위한 필수 장치다. 이 과정에서 조합원들은 이주비 대출을 신청하게 되며, 이는 임시 거처를 마련하기 위한 핵심 자금이 된다.

3. 이주 절차의 5단계 흐름

① **이주 공고** : 조합이 이주 기간(보통 4~6개월)과 이주비 신청 방법을 알린다.

② **이주비 신청** : 조합원이 금융기관에 대출을 신청하고, 담보 설정을 위한 서류를 제출한다.

③ **이사 및 공가 처리** : 조합원 및 세입자 등은 퇴거를 완료하고 이사를 나간다. 이때 전기·수도·가스 등을 차단하고 정산해야 한다.

④ **공가 확인 및 이주비 대출금 지급** : 이주관리센터에서 집이 비었는지 확인(공가 확인)하면, 신청한 이주비 대출금을 지급받는다(계약금과 잔금을 나눠서 분할 지급하거나 일괄로 지급하는 등 조합마다 상이할 수 있음).

⑤ **열쇠 반납** : 모든 짐을 비우고 열쇠를 반납하면 비로소 이주 절차가 완료된다.

4. 이주비와 이사비 : 빌리는 돈과 받는 돈

이주비와 이사비라는 두 용어는 비슷하게 보여도 성격이 완전히 다르므로 다음 비교표로 명확히 구분해보자.

이주비와 이사비 비교

구분	이주비(Relocation Loan)	이사비(Moving Expense)
성격	임시 주거지 마련을 위한 **대출금**	이주 독려를 위한 **무상 지원금**
규모	감정가액의 일정 비율(큰 금액)	수백만 원 단위(상대적으로 적음)
상환 의무	입주 시 **원금과 이자 상환 필수**	상환 의무 없음(그냥 주는 돈)
재원	금융기관 대출 (조합원의 종전자산을 담보로 제공)	시공사 제안 또는 조합 사업비

＊ 주의사항 : 최근 법령은 시공사가 선정되기 위해 과도한 무상 이사비나 무이자 이주비를 제안하는 것을 엄격히 금지하고 있다. 이는 결국 공사비 인상으로 이어져 조합원의 부담이 되기 때문이다.

5. 미이주 및 철거 단계

한두 집이라도 이주를 거부하면 전체 사업이 멈춘다. 조합은 이주 기간 내에 나가지 않는 자를 상대로 **명도 소송**을 제기하고, 강제 집행을 준비하며, 이로 인해 발생하는 지연 손해에 대해 손해배상을 청구하기도 한다.

이주가 완료되면 건축물관리법에 따라 해체 허가를 받고 철거를 시작한다. 과거에는 '철거'라는 표현을 사용했으나, 현재 법령에서는 '해체'라는 용어를 주로 사용해 안전하고 체계적으로 허무는 과정을 규정하고 있다.

Q1. 세입자가 안 나간다고 버티면 주인이 책임져야 하나?

A. 그렇다. 원칙적으로 조합원에 대한 이주비 지급 조건은 공가 확인(빈집 확인)이다. 세입자 명도 책임은 소유자인 조합원에게 있는 경우가 많으므로, 분쟁을 예방하기 위해서는 임대차 계약 시 이주 시점에 대한 특약을 미리 맺어두는 것이 유리하다.

Q2. 이주비 대출 이자는 누가 내나?

A. 보통은 조합이 사업비로 먼저 대출 이자를 납부한 후, 입주 시 조합원 분양대금의 잔금을 납부하면서 이주비 대출 원금과 이자를 정산하는 구조다. 따라서 무이자대출처럼 보이지만, 결국 원칙적인 납부 주체는 조합원이다.

"이주 단계에서 '시간'은 곧 '이자'이며 '분담금'이다."

1. 세입자와의 조기 협상이 관건 : 이주가 늦어지는 가장 큰 원인은 세입자와의 보상 갈등이다. 특히 재개발의 경우 주거이전비 지급 대상인지 미리 파악하고, 법적 기준에 맞춰 빠르게 협의를 마치는 것이 사업비를 아끼는 최고의 방법이다.

2. 공가(빈집) 관리의 중요성 : 이주가 시작되면 단지가 슬럼화되어 범죄나 화재 위험이 커진다. 조합은 방범 CCTV 설치와 순찰을 강화해야 하며, 조합원들은 집을 비울 때 반드시 모든 공과금 정산과 폐기물 처리를 완료함으로써 이후의 분쟁을 예방해야 한다.

3. 대출 규제 확인 : 본인이 다주택자이거나 기존 대출이 많은 경우, 이주비 대출을 예상했던 만큼 받지 못할 수도 있다. 이주비 대출이 나오지 않으면 이주에 차질이 생길 수 있으므로 관리처분계획인가 전후로 본인의 대출 가능 금액을 금융기관에 미리 확인해 이주계획을 잘 세움으로써 리스크를 줄여야 한다.

법령으로 찾아보는 이주 및 철거계획

제52조(사업시행계획서의 작성) ① 사업시행자는 정비계획에 따라 다음 각 호의 사항을 포함하는 사업시행계획서를 작성해야 한다.

3. **임시거주시설을 포함한 주민이주대책(A)**

제81조(건축물 등의 사용·수익의 중지 및 철거 등) ② 사업시행자는 제74조 제1항에 따른 관리처분계획인가를 받은 후 **기존의 건축물을 철거해야 한다(B).**

▶ 건축물관리법

제30조(건축물 해체의 허가) ① 관리자가 건축물을 해체하려는 경우에는 특별자치시장·특별자치도지사 또는 시장·군수·구청장(이하 이 장에서 "허가권자"라 한다)의 허가를 받아야 한다. 다만, 다음 각 호의 어느 하나에 해당하는 경우 대통령령으로 정하는 바에 따라 신고를 하면 허가를 받은 것으로 본다.

(A) 주거권 보장을 위한 '이주대책'의 강행 규정성

법 제52조 제1항 제3호는 정비사업이 단순한 건설 사업을 넘어 '공익적 주거환경 개선'임을 증명하는 조항이다. 사업시행자가 단순히 집만 짓는 것이 아니라, 공사 기간 동안 원주민들이 어디서 머물지(임시거주시설 등)에 대한 대책을 사업계획에 의무적으로 담게 함으로써 헌법상 주거권을 구체적으로 보호하고 있다.

(B) '인가 후 철거'와 '해체 허가'의 실무적 타이밍

실무에서 철거는 곧 '돈'과 직결된다. 제81조에 따라 관리처분계획인가가 나야만 비로소 굴착기가 들어올 수 있는데, 최근에는 **건축물관리법 제30조**가 강화되어 구청의 '해체 허가'를 받는 과정이 매우 까다로워졌다. 단순히 인가가 났다고 바로 부술 수 있는 것이 아니라, 해체계획서 검토와 상주 감리 지정 등 안전 절차를 모두 통과해야 비로소 첫 삽을 뜰 수 있다.

(C) 이주 및 철거 단계의 '3대 핵심 프로세스(관련 법령을 실무 순서로 재구성)'

1. 이주 대책의 수립(사업시행계획인가 단계)

· 임시거주시설 확보(재개발사업의 경우 국공유지 무상사용 등)

· 주거이전비, 이사비 산정 및 지급 계획 확정

2. 사용·수익의 정지(관리처분계획인가 고시)

· 인가 고시가 나면 종전 주택에 대한 점유 권한이 조합으로 이전됨.

· 이때부터 조합은 이주를 독려하고, 미이주자에 대해 인도 청구(명도) 소송 가능

3. 해체 허가 및 철거(관리처분계획인가 이후)

· **건축물관리법 제30조**에 따른 해체 허가 신청(전문가 검토 필수)

· 석면 조사 및 제거 → 기반시설(가스, 수도) 차단 → 본 건물 철거

제14장 사업의 성패를 가르는 열쇠 : 일반 분양

1. 일반 분양의 본질 : 조합의 '매출액'

일반 분양은 조합원에게 배정하고 남은 아파트를 일반인에게 파는 과정이다. 이 과정에서 발생하는 분양 수입은 정비사업의 가장 큰 재원이 된다. 분양가가 높게 책정될수록 조합원들이 나중에 낼 분담금은 줄어들고, 반대로 분양가가 낮아지거나 미분양이 발생하면 조합원들의 경제적 부담은 커진다. 즉, 일반 분양은 정비사업의 수익성을 결정짓는 핵심 지표다.

2. 일반 분양의 5단계 프로세스

(1) 분양보증(HUG)

일반 분양분이 30세대 이상인 경우, 사업 주체인 조합의 부도나 사업 실패로 인한 피해를 방지하기 위해 건설사가 공사 도중 망하더라도 입주 예정자들이 낸 돈을 보호받을 수 있도록 주택도시보증공사(HUG)로부터 보증을 받는 필수 단계다.

(2) 입주자모집 승인

시장·군수·구청장으로부터 '이 가격에 이 조건으로 입주자를 모집해도 좋다'라는 공식 허가를 받는다.

(3) 입주자모집 공고

모델하우스 오픈과 함께 신문이나 인터넷에 분양가, 평면도, 청약 자격 등을 정식으로 알린다.

(4) 청약 및 당첨자 선정

'청약홈' 시스템을 통해 접수하며, 가점제나 추첨제를 통해 공정하게 당첨자를 가린다.

(5) 예비당첨 및 무순위(줍줍)

부적격 당첨이나 계약 포기 물량이 나오면 예비 순번자에게 기회를 주거나, 소위 '줍줍'이라 불리는 무순위 청약을 진행한다.

3. 조합원 분양 vs 일반 분양 한눈에 비교

구분	조합원 분양	일반 분양
지위	정비사업의 주체	일반 구매자
공급 순위	로열동·로열층 **우선 배정**	조합원 배정 후 남은 물량 배정
분양가	상대적으로 저렴함(조합원가)	상대적으로 높음(시세 반영)
혜택	발코니 확장, 가전제품 등 무상 제공 많음	대부분 유료 옵션으로 선택
위험 부담	사업 지연 시 분담금 증가 위험 있음	정해진 분양가만 내면 됨

Q1. 조합원 물량이 좋은가, 일반 분양 물량이 좋은가?

A. 압도적으로 조합원 물량이 좋다. 조망이 좋은 앞 동이나 로열층은 조합원이 먼저 가져가기 때문이다. 그러나 항상 조합원 물량이 좋은 것만은 아니다. 조합원 물량은 사업 과정의 복잡한 갈등 및 사업비 증가에 대한 리스크가 존재해 조합원 분양가 외에 추가분담금이 발생할 여지가 있지만, 반면 일반 분양자는 그러한 위험으로부터 자유롭다는 장점이 있다.

Q2. '무순위 청약(줍줍)'은 아무나 할 수 있나?

A. 규제지역 여부에 따라 다르다. 과거에는 거주지 요건이 까다로웠으나, 최근에는 전국 어디서나 신청 가능한 경우가 많아졌다. 다만, 무분별한 청약보다는 해당 단지의 입지와 분양가의 적정성을 반드시 따져봐야 한다.

Q3. 재건축 단지는 일반 분양이 적어서 당첨이 힘들다는데 사실인가?

A. 맞다. 재건축은 기존 집주인이 많기 때문에 일반인에게 돌아가는 물량이 재개발에 비해 적은 편이다. 따라서 청약 가점이 낮다면 특별공급(신혼부부, 생애최초 등)이나 추첨제 물량을 전략적으로 공략해야 한다.

"일반 분양가는 '시장'과 '규제' 사이의 줄타기다."

1. **분양가상한제를 주시** : 정부가 분양가를 강제로 낮게 억제(분양가상한제)하면 조합원 입장에서는 수익이 줄어들고, 일반 분양자에게는 '로또 청약'이 된다. 반대로 규제가 풀리면 조합은 수익이 늘어나지만, 일반 분양자는 청약을 망설이게 되어 미분양 리스크가 발생한다.

2. **모델하우스의 '유상 옵션'을 꼼꼼히 살피기** : 최근 조합들은 일반 분양가를 낮추는 대신, 에어컨·가구·마감재 등을 대거 유상 옵션으로 돌려 수익을 보전하는 경향이 있다. 겉으로 보이는 분양가 외에 실제 입주 시 드는 총비용을 계산해야 한다.

3. **조합원은 '일반 분양 시점'의 시장 분위기에 유의** : 이주와 철거가 끝나고 착공 시점에 부동산 경기가 최악이라면, 분양 시기를 늦추는 것이 나을지, 또는 할인 분양을 통해 사업비를 빨리 회수할지 등 일반 분양의 시기 및 분양가에 대한 고도의 전략적 판단이 필요하다.

법령으로 찾아보는 일반 분양

제79조(관리처분계획에 따른 처분 등) ④ 사업시행자는 제72조에 따른 분양신청을 받은 후 잔여분이 있는 경우에는 정관 등 또는 사업시행계획으로 정하는 목적을 위해 그 잔여분을 **보류지**(건축물을 포함한다)(A)로 정하거나 조합원 또는 **토지등소유자 이외의 자에게 분양**(B)할 수 있다. 이 경우 분양공고와 분양신청절차 등에 필요한 사항은 대통령령으로 정한다.

(A) '보류지'는 왜 필요한가?(법적 안정성 확보)

보류지는 분양 대상자의 누락·착오 및 소송 등으로 조합원 자격을 얻게 되어 추가로 조합원 분양 대상자가 발생했을 때를 대비해 정비사업조합이 분양하지 않고 남겨두는 대지 또는 건축물을 말한다. 즉, 조합원에게도 분양하지 않고 일반 분양으로도 내놓지 않고 조합이 소유한 채로 남겨두는 물건을 말한다. 정비사업은 관리처분계획인가 이후에도 소송 등으로 인해 분양 자격이 뒤늦게 인정되는 경우가 종종 발생한다. 그런데 만약 모든 가구를 일반 분양해버렸다면, 나중에 승소한 조합원에게 줄 집이 없게 된다. 법 제79조 제4항에서 보류지를 설정할 수 있도록 한 것은 이러한 **예기치 못한 권리 변동에 대비**해 사업의 법적 안정성을 유지하기 위한 필수적인 장치다. 특별한 경우가 아니라면, 통상은 전체 건립 세대수의 1% 범위의 공동주택과 상가 등 부대·복리시설의 일부를 보류지로 정할 수 있다.

(B) 일반 분양과 보류지 매각의 실무적 '타이밍'

일반 분양은 사업비 조달을 위해 공사 초기에 진행하지만, 보류지 매각은 일반적으로 소송 등으로 조합원 자격을 얻게되는 대상자에게 우선 분양하고 남은 잔여 보류지가 있는 경우 입주 직전에 **'공개 경쟁입찰'** 방식으로 진행된다. 시세가 상승하는 시기에는 부담이 되지만, 상승기에는 일반 분양가보다 훨씬 높은 가격에 낙찰되어 조합의 수익(비례율 상향)을 극대화하는 '비밀 병기'가 되기도 한다. 보류지 물량을 전체 건립 세대수의 어느 정도(보통 1% 이내)로 설정하느냐가 조합 집행부의 실력이다.

HUG 분양보증 심사 vs 분양가상한제 비교

＊ 우리나라에는 분양가가 무한정 치솟는 것을 막기 위해 2개의 강력한 자물쇠가 채워져 있는데, 바로 이 HUG(주택도시보증공사)의 분양보증 심사와 정부의 분양가상한제다. 그런데 많은 사람들이 HUG의 분양보증 심사와 분양가상한제를 헷갈려 한다.

1. HUG 분양보증 심사 기준 : "보증에 대한 리스크 관리"

HUG가 분양보증 심사를 하는 이유는 고분양가 관리지역에서의 과도한 분양가를 억제해 부동산 시장의 안정과 주거 복지를 도모함으로써 사업이 안정적으로 추진되고, 수분양자(분양계약자)의 권익이 보호될 수 있도록 보증 리스크를 사전에 관리하고자 함이다. 만일 사업 주체인 조합의 부도나 공정 부진으로 수분양자(분양계약자)가 납부한 계약금·중도금에 문제가 발생할 경우 환급을 보장해주고 있다. 쉽게 말해, HUG는 수분양자(분양계약자)가 납부한 돈을 대신 갚아주는 보증기관이다. 따라서 일반 분양이 미분양된다고 해도 HUG의 직접적인 위험부담은 없다. 하지만, 미분양은 곧 조합의 재정 여건을 악화시키게 되면서 HUG에 간접적인 영향을 미칠 수 있기 때문에 사전에 HUG가 보증 리스크를 관리하는 것이다.

- **역할** : HUG 입장에서 분양가가 너무 높으면 미분양이 날 확률이 높고, 이는 곧 HUG의 손실로 이어지므로 "분양가가 너무 비싸면 보증이 안 된다"라는 방식으로 과도한 분양가격을 간접적으로 조절하고, 분양보증 이후에도 사업 진행에 따른 공정률을 관리한다.
- **기준** : 분양보증을 신청한 사업장 주변에 최근 분양했거나 입주(준공)한 유사 비교사업장의 분양가격과 시세 등을 기준 삼아 분양가격의 적정성을 검증한다.
- **특징** : 법적 강제가 아닌 보증을 받기 위한 조건이다. 하지만 이 보증이 없으면 시장·군수·구청장으로부터 분양승인을 얻기 어렵고, 은행 대출도 막히기 때문에 실무적으로는 강력한 가격 통제 수단이 된다.

2. 분양가상한제(분상제) : "공공의 목적을 위한 법적 가격 제한"

분양가상한제는 주택법에 근거해 정부가 지정한 지역(공공택지 또는 규제지역)에 적용되는 강력한 법적 규제다.

- **역할** : 주택가격 안정을 위해 집값의 '상한선'을 법으로 정해버린다.

- **기준** : [토지비 + 기본형 건축비 + 가산비]라는 복잡한 산식을 통해 가격을 산출한다.
- **특징** : 주변 시세와 상관없이 실제 들어간 비용을 바탕으로 계산하기 때문에, 보통 시세의 70~80% 수준으로 결정되어 소위 '로또 청약'을 만드는 주원인이 된다.

한눈에 비교하는 HUG 분양보증 심사와 분양가상한제

구분	HUG 분양보증 심사	분양가상한제(분상제)
성격	보증 리스크 관리(민간 지원)	법적 가격 규제(공공 관리)
근거	HUG 내부 규정	주택법
적용 지역	고분양가 관리지역(주요 도심)	공공택지 및 **정부 지정 규제지역**
계산 방식	주변 아파트 분양가 및 시세와 비교	땅값과 건축비를 합산
가격 수준	주변 시세에 근접(비교적 높음)	시세보다 현저히 낮음(매우 낮음)
영향	조합의 적정 수익 확보 가능	조합원 분담금 상승 요인

Q1. 두 규제가 동시에 적용될 수도 있나?

A. 그렇지 않다. 원칙적으로 분양가상한제가 적용되는 지역은 HUG의 가격 심사를 거치지 않는다. 법으로 이미 가격을 억제하고 있기 때문이다.

Q2. 분양가상한제가 적용되면 아파트 품질이 떨어지지 않나?

A. 건축비를 법으로 제한하다 보니 조합이나 시공사에서 고급 마감재를 쓰기 꺼리는 경우가 생길 수 있다. 이를 해결하기 위해 최근에는 가산비 항목을 통해 품질을 높이는 비용을 일부 인정해주기도 한다.

Q3. 우리 동네가 분양가상한제 지역인지 어디서 확인하나?

A. 국토교통부 고시나 관할 구청 홈페이지에서 확인이 가능하다. 2026년 1월 현재 강남 3구와 용산구가 대상이다. 참고로 분양가상한제가 적용되는 지역은 조정대상지역이나 투기과열지구와는 적용 기준과 규제 내용이 다르고, 그 대상지역도 다르다. 공공택지에 적용되는 분양가상한제가 있는데, 이것과 규제지역으로 지정되는 것과는 구별해야 한다.

"조합은 분양가상한제를 피하고 싶고, HUG 분양보증 심사는 넘고 싶어 한다."

1. **조합의 전략** : 분양가상한제가 적용되면 일반 분양가에 대한 규제를 받기 때문에 예상되는 수입금액이 줄어들게 되고, 그 몫은 조합원들이 감당하게 된다. 이로 인해 분담금이 늘어나면서 사업 추진에 어려움을 겪는 경우가 많다. 그래서 규제가 풀리기를 기다리거나, 후분양(공정률 60~80% 이후 분양)을 선택해 가격 제한을 피하려는 전략을 쓰기도 한다.

2. **HUG 분양보증 심사의 유연성** : HUG는 주변 시세를 반영해주기 때문에 분양가상한제보다는 분양가가 높게 형성되는 편이다. 최근에는 자재비와 인건비 상승을 고려해 HUG 분양보증 심사 기준도 조금씩 현실화되고 있는 추세다.

3. **수분양자(일반인)의 시선** : 청약 대기자 입장에서는 '분양가상한제' 단지가 훨씬 매력적이다. 반면, HUG 분양보증 심사 단지는 시세와 큰 차이가 없어 실거주 목적으로 접근해야 한다.

제15장

투명한 사업의 파수꾼
: 정비사업 재무관리

1. 예산과 회계 : "돈의 계획과 기록"

정비사업은 수천억 원에서 수조 원에 이르는 막대한 자금이 투입되며, 사업 기간도 10년 이상 소요된다. 따라서 자금을 주먹구구식으로 운영하면 비리와 갈등의 온상이 된다. 이를 막기 위해 국가와 지자체는 엄격한 '예산·회계 규정'을 만들어 시행하고 있다.

- **예산** : 앞으로 쓸 돈의 '계획'이다. (총회 사전 승인 필수)
- **회계** : 이미 쓴 돈의 '기록'이다. (증빙과 장부 관리/총회 결산 보고)

특히 서울시나 경기도는 **표준 예산·회계 규정**을 고시해 모든 조합이 동일한 회계 양식을 쓰도록 규제하고 있다.

☞ 정비사업 정보몽땅(https://cleanup.seoul.go.kr/) 홈페이지 자료실 : 검색창에서 '예산·회계 규정', '예산', '회계' 등으로 찾아보자.

2. 예산관리 : "먼저 승인받고 나중에 쓴다"

예산은 크게 수입예산과 지출예산의 2가지로 나뉘고, 조합의 모든 지출은 편성된 예산 범위 내에서만 가능하다.

- **수입예산** : 조합원 분담금, 일반 분양 분양금, 임대주택 매각대금 또는 근린생활시설 등의 분양금, 은행 대출금(차입금), 보조금 등
- **지출예산** : 공사비·설계비 같은 사업비와 인건비·사무실 월세 같은 운영비 등

조합장은 매년 예산안을 짜서 조합원들이 모이는 총회에서 의결을 받아야 한다. 만약 예산 없이 돈을 쓰면 형사 처벌 대상이 될 만큼 엄격하게 관리된다.

3. 회계처리 : "누가 봐도 알 수 있게"

정비사업 회계의 목적은 조합원들에게 사업의 성적표를 투명하게 보여주는 데 있다.

- **기본 원칙** : 실제 현금이 오가는 것을 기록하는 현금주의와, 경제적 사건이 발생했을 때 기록하는 발생주의를 병행한다.
- **재무제표** : 자금수지계산서, 재무상태표, 운영계산서 등을 작성해 전년도와 올해를 비교할 수 있게 표시한다. 이는 조합의 재정 상태가 건강한지 한눈에 보여주는 지표가 된다.

4. 외부 회계감사와 정보 공개

조합원들이 회계 전문가가 아니라는 점을 고려해, 제삼자인 공인 회계사가 장부를 검사하는 외부 회계감사 제도를 운영한다.

- **회계감사 시기** : 추진위원회에서 조합으로 인계되기 전 7일 이내 (3억 5,000만 원 이상인 경우), 사업시행계획인가 고시일로부터 20일 이내(7억 원 이상인 경우), 준공인가의 신청일부터 7일 이내(14억 원 이상인 경우) 등 주요 길목마다 감사를 받아야 한다.
- **정보 공개** : 회계감사보고서와 모든 회계 장부는 조합원이라면 언제든 열람할 수 있다. 서울시의 경우 **'정비사업 정보몽땅'** 시스템을 통해 온라인으로 투명하게 공개된다.

회계감사 및 공시 요약

구분	내용
외부 회계감사	일정 규모 이상 조합은 공인회계사의 외부감사 필수
감사보고서 공개	총회 또는 조합원에 사업비 사용 내역 및 회계보고 공개
조합원 열람권 보장	회계장부 및 증빙서류는 조합원이 요청 시 열람 가능
정비사업 관리시스템	서울시 '정비사업 정보몽땅' 플랫폼 등에서 회계 정보 투명 공개

Q1. 조합이 예산에도 없는 돈을 마음대로 썼다면 어떻게 되나?

A. 이는 도시정비법 위반으로 형사 처벌 대상(제137조 제6호 : 2년 이하의 징역 또는 2,000만 원 이하의 벌금)이다. 예산 없이 집행한 금액에 대해서는 조합원이 조합임원에게 손해배상을 청구할 수도 있다.

Q2. 저는 비전문가인데 재무제표를 봐도 뭐가 뭔지 모르겠다면?

A. 딱 2가지만 먼저 확인하라. 첫째, 예산 대비 집행률 수치다. 계획보다 돈을 너무 많이 쓰고 있다면 분담금이 늘어날 징조다. 둘째, 차입금 현황이다. 이자가 비싼 사채나 대부업체 자금을 쓰고 있지는 않은지 확인해야 한다.

Q3. 정보몽땅에 자료가 안 올라오면 어디에 신고해야 하나요?

A. 정보공개 의무를 어기는 것은 불법이다. 관할 구청의 정비사업 담당 부서에 민원을 넣거나, 조합에 서면으로 열람을 요청해야 한다. 15일 이내에 응하지 않으면 처벌 대상이 된다. 제124조(관련 자료의 공개 등)와 제138조(벌칙) 조항을 참고하자.

"예산안의 '예비비'와 '용역비' 항목을 꼼꼼히 보자."

1. **포괄적 예산의 함정** : 모호한 편성은 총회 의결 무효와 집행부 책임 문제를 야기하기 때문에, "사업비 총액 얼마" 식의 뭉뚱그린 예산은 위험하다. 정비사업비의 세부 항목별 사용 계획이 포함된 예산안 및 예산의 사용 내역 또한 총회의 의결사항인 만큼 세부 항목(목, 항)을 구체적으로 작성함으로써 조합 집행부의 투명한 회계관리가 되도록 해야 한다. 특히 예비비가 지나치게 높다면, 부정 집행(목적 외 사용)이 발생할 수 있어 사업비 증가로 조합원 추가분담금이 늘어날 수 있으므로 잘 살펴봐야 한다.

2. **회계감사는 사후 약방문** : 회계감사는 이미 돈을 쓴 뒤에 회계 기준에 맞게 적정하게 작성되었는지를 검토함으로써 잘못된 부분이 있는지를 찾는 과정이다. 하지만 10년 이상 진행되는 장기 프로젝트임에도 불구하고, 외부회계감사는 일정 시점의 사업단계에서만 이뤄지는 절차다. 따라서 무엇보다 중요한 것은 조합원의 관심이다. 조합이 자금을 차입한 때에는 차입일로부터 30일 이내에 자금을 대여한 상대방과 차입액, 이자율 및 상환 방법 등의 사항을 시장·군수 등에게 신고한 후, 그 내용을

조합원들이 알 수 있도록 공개하고 있기 때문에 해당 내용을 살펴봐야 하고, 월별 자금의 입금·출금 세부 내역, 분기별로 공개되는 자금수지보고서 또는 매년 개최되는 총회의 결산 내역 등을 보며 돈이 엉뚱한 곳으로 새지 않는지 수시로 확인하는 관심이 필요하다.

법령으로 찾아보는 정비사업의 예산 회계

제112조(회계감사) ① 시장·군수 등 또는 토지주택공사 등이 아닌 사업시행자 또는 추진위원회는 다음 각 호의 어느 하나에 해당하는 경우에는 다음 각 호의 구분에 따른 기간 이내에 '주식회사 등의 외부감사에 관한 법률' 제2조 제7호 및 제9조에 따른 감사인의 회계감사를 받기 위해 **시장·군수 등에게 회계감사기관의 선정·계약을 요청(A)**해야 하며, 그 감사 결과를 회계감사가 종료된 날부터 15일 이내에 시장·군수 등 및 해당 조합에 보고하고 조합원이 공람할 수 있도록 해야 한다. 다만, 지정개발자가 사업시행자인 경우에는 제1호에 해당하는 경우는 제외한다.

1. 제34조 제4항에 따라 추진위원회에서 사업시행자로 인계되기 전까지 납부 또는 지출된 금액과 계약 등으로 지출될 것이 확정된 금액의 합이 대통령령으로 정한 금액 이상인 경우 : 추진위원회에서 사업시행자로 인계되기 전 7일 이내

2. 제50조 제9항에 따른 사업시행계획인가 고시일 전까지 납부 또는 지출된 금액이 대통령령으로 정하는 금액 이상인 경우 : 사업시행계획인가의 고시일부터 20일 이내

3. 제83조 제1항에 따른 준공 인가 신청일까지 납부 또는 지출된 금액이 대통령령으로 정하는 금액 이상인 경우 : 준공인가의

신청일부터 7일 이내

4. 토지등소유자 또는 조합원 5분의 1 이상이 사업시행자에게 회계감사를 요청하는 경우 : 제4항에 따른 절차를 고려한 상당한 기간 이내

② 시장·군수 등은 제1항에 따른 요청이 있는 경우 즉시 회계감사기관을 선정해 회계감사가 이루어지도록 해야 한다.

③ 제2항에 따라 회계감사기관을 선정·계약한 경우 시장·군수 등은 공정한 회계감사를 위해 선정된 회계감사기관을 감독해야 하며, 필요한 처분이나 조치를 명할 수 있다.

④ 사업시행자 또는 추진위원회는 제1항에 따라 회계감사기관의 선정·계약을 요청하려는 경우 시장·군수 등에게 회계감사에 필요한 비용을 미리 예치해야 한다. 시장·군수 등은 회계감사가 끝난 경우 예치된 금액에서 회계감사비용을 직접 지급한 후 나머지 비용은 사업시행자와 정산해야 한다.

제124조(관련 자료의 공개 등) ① 추진위원장 또는 사업시행자(조합의 경우 청산인을 포함한 조합임원, 토지등소유자가 단독으로 시행하는 재개발사업의 경우에는 그 대표자를 말한다)는 정비사업의 시행에 관한 다음 각 호의 서류 및 관련 자료가 작성되거나 변경된 후 15일 이내에 이를 조합원, 토지등소유자 또는 세입자가 알 수 있도록 인터넷과 그 밖의 방법을 병행해 공개해야 한다.

7. 회계감사보고서

8. 월별 자금의 입금·출금 세부 내역

9. 결산보고서

④조합원, 토지등소유자가 제1항에 따른 서류 및 다음 각 호를 포함해 정비사업시행에 관한 서류와 관련 자료에 대해 열람·복사 요청을 한 경우 추진위원장이나 사업시행자는 **15일 이내**(B)에 그 요청에 따라야 한다.

1. 토지등소유자 명부

2. 조합원 명부

3. 그 밖에 대통령령으로 정하는 서류 및 관련 자료

제119조(정비사업관리시스템의 구축) ① 국토교통부장관 또는 시·도지사는 정비사업의 효율적이고 투명한 관리를 위해 정비사업관리시스템을 구축해 운영할 수 있다.

② 국토교통부장관은 시·도지사에게 제1항에 따른 정비사업관리시스템의 구축 등에 필요한 자료의 제출 등 협조를 요청할 수 있다. 이 경우 자료의 제출 등 협조를 요청받은 시·도지사는 정당한 사유가 없으면 이에 따라야 한다.

③ 제1항에 따른 정비사업관리시스템의 운영 방법 등에 필요한 사항은 국토교통부령 또는 시·도 조례로 정한다.

Professional Focus | 이 조문을 읽는 법

(A) 외부감사인 선정권이 '시장·군수'에게 있는 이유

과거에는 조합이 직접 감사인을 선정하면서 소위 '짬짬이 감사'가 이뤄지는 부작용이 있었다. 법 제112조는 이를 방지하기 위해 지자체장이 감사인을 직접 선정·감독하도록 해 독립성을 강화했다. 이는 조합의 회계를 단순히 내부 사무가 아닌 공적 감시가 필요한 영역으로 규정한 정책적 조치다.

(B) '15일 이내 공개'는 분쟁을 막는 가장 강력한 방패

정비사업 현장의 분쟁 90%는 불신에서 시작된다. 제124조의 '15일 이내 공개' 원칙을 어기는 순간 조합원은 의구심을 갖게 되고, 이는 곧 소송으로 이어지게 된다. 실무적으로 월별 자금 내역이나 결산 보고서를 인터넷(정비사업관리시스템 등)에 실시간으로 게시하는 습관이야말로 조합 집행부가 스스로를 보호하는 가장 확실한 방안이다.

(C) 정비사업 회계감사 '4대 의무 시기'

(법 제112조 제1항을 실무적으로 재구성)

사업시행자는 다음의 시점이 도래하면 시장·군수 등에게 회계감사 선정을 요청해야 한다.

순번	감사 시기	관련 이벤트
1	추진위원회 → 조합 인계 시	추진위원회가 사용한 비용을 조합이 승계하기 전 7일 이내
2	사업시행계획인가 시	인가 고시일부터 20일 이내
3	준공인가 신청 시	준공인가를 신청한 날부터 7일 이내
4	주민 요청 시	토지등소유자 또는 조합원 **1/5 이상**이 요청할 때

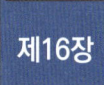

제16장 | 대장정의 마무리 : 준공, 이전고시 및 해산

1. 준공인가 : "집에 들어가 살아도 좋다는 국가의 승인"

공사가 끝나면 시장·군수 등은 건물이 설계도대로 잘 지어졌는지 확인하고 준공인가를 내준다. 이는 건물의 물리적 완성을 공식적으로 인정받는 절차다. 준공인가가 나야 비로소 입주를 시작할 수 있다. 하지만 준공인가를 받기 전이라도 완공된 건축물이 사용에 지장이 없다면 입주 예정자가 조기에 입주할 수 있도록 준공인가 전에 임시사용승인을 받고 입주하는 경우도 매우 흔하다. 향후, 준공인가에 대한 고시(재개발·재건축사업처럼 관리처분계획을 수립하는 경우에는 이전고시)가 되면, 해당 지역의 정비구역 지정은 그 목적을 다했으므로 그다음 날에 정비구역이 해제된 것으로 보고, 지구단위계획으로 관리한다.

2. 이전고시 : "종이 주택이 진짜 내 집이 되는 순간"

준공인가 이후 가장 중요한 절차는 이전고시다. 이는 새 아파트의 소유권을 조합원에게 정식으로 넘겨주는 행정 절차다.

- **소유권 취득 시점** : 이전고시가 공보에 실린 **'다음 날'** 조합원
  은 별도의 등기 없이도 법적으로 완전한 새집의 주인이 된다.
- **등기 절차** : 이전고시 이후 조합은 지체 없이 단체 등기(보존등기 및
  이전등기)를 진행한다. 이 등기가 완료되기 전까지는 개별적으로
  저당권 설정 등 다른 등기를 할 수 없으므로 주의가 필요하다.

3. 청산금의 징수와 지급 : "마지막 돈 정산"

이전고시를 통해 소유권이 확정되면, 내가 낸 돈과 내가 받은 집
의 가치를 최종적으로 비교한다.

- **청산금** : 기존 집값(권리가액)보다 새 아파트값이 비싸면 돈을 더
  내고(징수), 반대면 돈을 돌려받는다(지급).
- **소멸시효** : 이전고시 다음 날부터 **5년** 안에 권리를 행사하지
  않으면 청산금을 받거나 줄 의무가 사라지므로 기간을 반드시
  지켜야 한다.

4. 조합 해산과 청산 : "조직의 소멸"

모든 정산이 끝나면 정비사업조합은 더 이상 존재할 이유가 없다.

- **해산** : 조합장이 이전고시 후 1년 이내에 총회를 열어 조합의
  법적 지위를 없애는 절차를 진행해야 한다. 만일 조합장이 총
  회를 소집하지 않으면, 조합원 5분의 1 이상의 요구로 소집된
  총회에서 조합원 과반수의 출석과 출석 조합원 과반수의 동의
  를 받아 해산할 수 있다. 그럼에도 조합이 정당한 사유 없이 해

산하지 않을 경우, 시장·군수 등은 조합설립인가를 취소할 수 있다.

- **청산** : 해산 이후 남은 잔무를 처리하고 잔여 자산을 배분하는 과정이다. 보통 해산 당시의 조합장이 청산인이 되어 남은 업무를 마무리한다.

정비사업 마무리 4단계 요약

단계	주요 내용	핵심 의미
1. 준공인가	시공 완료 및 사용 승인	"이제 입주해서 사셔도 됩니다"
2. 이전고시	소유권 확정 및 고시	"법적으로 완전히 귀하의 집입니다"
3. 조합 해산	조합 법인격 소멸	"우리 사업의 조직을 해체합니다"
4. 청산 절차	추가분담금/환급금 정산	"남은 돈 계산을 마무리합니다"

Q1. 이전고시 전에 아파트를 팔 수 있는가?

A. 매매 계약 자체는 가능하지만, 완전한 소유권 이전 등기는 이전고시 및 조합의 단체 등기가 완료된 이후에 가능하다. 이 시기에는 보통 분양권이나 입주권 상태로 거래하며, 매수자는 등기가 나올 때까지 기다려야 하는 불편함이 있다. 참고로, 1+1을 분양받은 조합원은 추가로 받은 60㎡ 이하의 주택을 이전고시 후 다음 날부터 3년 동안 매매할 수 없다는 점에 유의해야 한다.

Q2. 조합이 해산되면 하자보수는 누가 책임지나?

A. 조합은 사라지지만 시공사(건설사)의 하자보수 책임은 법적으로 유효하다. 또한, 조합은 해산 전 하자보수보증금을 예치하거나 보험을 들어두므로, 아파트 관리사무소를 통해 시공사에 정당한 보수를 요구할 수 있다.

Q3. 이전고시 다음 날부터 바로 전세를 줄 수 있나?

A. 그렇다. 법적으로 소유권을 취득했지만, 등기부등본이 아직 나오지 않은 상태이므로 세입자에게 이전고시문 등 소유권을 증명할 서류를 보여주어 안심시켜야 한다. 실무에서는 조합원의 실거주 요건이 없다면, 분양권 상태에서 준공인가 또는 임시사용승인을 받아 전세를 주고 있다.

"이전고시 이후의 '등기 공백기'를 조심하라."

1. **대출계획의 차질** : 이전고시일부터 등기가 완료될 때까지(짧게 는 수개월, 길게는 1년 이상)는 해당 아파트를 담보로 새로운 대출을 받거나 근저당을 설정하는 것이 불가능하다. 입주 시점에 잔금 대출 외에 추가 자금이 필요한 조합원은 이 시기를 고려해 미 리 자금계획을 세워야 한다.

2. **해산 지연은 곧 비용** : 일부 조합에서는 조합장 등이 보수를 계 속 받기 위해 고의로 해산을 늦추는 경우가 있다. 해산이 늦어 지면 조합 운영비가 계속 지출되어 결국 조합원에게 돌아갈 환 급금이 줄어든다. 따라서 이전고시 후 1년 이내에 신속히 해산 절차를 밟는지 조합원들의 감시가 필요하다.

3. **세금 신고의 기준** : 소유권 취득일(이전고시 다음 날)은 양도소득세 비과세 요건인 **'보유 기간'**의 기산점이 되기도 한다. 세무 처리 시 이 날짜를 정확히 알고 있어야 불필요한 세금 분쟁을 막을 수 있다.

법령으로 찾아보는 이전고시와 조합의 해산

제86조(이전고시 등) ① 사업시행자는 제83조 제3항 및 제4항에 따른 고시가 있은 때에는 지체 없이 대지확정측량을 하고 토지의 분할 절차를 거쳐 관리처분계획에서 정한 사항을 분양받을 자에게 통지하고 대지 또는 건축물의 소유권을 이전해야 한다. 다만, 정비사업의 효율적인 추진을 위해 필요한 경우에는 해당 정비사업에 관한 공사가 전부 완료되기 전이라도 완공된 부분은 준공 인가를 받아 대지 또는 건축물별로 분양받을 자에게 소유권을 이전할 수 있다.

② 사업시행자는 제1항에 따라 대지 및 건축물의 소유권을 이전하려는 때에는 그 내용을 해당 지방자치단체의 공보에 고시한 후 시장·군수 등에게 보고해야 한다. 이 경우 **대지 또는 건축물을 분양받을 자는 고시가 있은 날의 다음 날에 그 대지 또는 건축물의 소유권을 취득**(A)한다.

제86조의2(조합의 해산) ① 조합장은 제86조 제2항에 따른 고시가 있은 날부터 1년 이내에 조합 해산을 위한 총회를 소집해야 한다.

② 조합장이 제1항에 따른 기간 내에 총회를 소집하지 아니한 경우 제44조 제2항에도 불구하고 조합원 5분의 1 이상의 요구로 소집된 총회에서 조합원 과반수의 출석과 출석 조합원 과반수의 동

의를 받아 해산을 의결할 수 있다. 이 경우 요구자 대표로 선출된 자가 조합 해산을 위한 총회의 소집 및 진행을 할 때에는 조합장의 권한을 대행한다.

③ 시장·군수 등은 조합이 정당한 사유 없이 제1항 또는 제2항에 따라 해산을 의결하지 아니하는 경우에는 조합설립인가를 취소할 수 있다.

④ 해산하는 조합에 청산인이 될 자가 없는 경우에는 '민법' 제83조에도 불구하고 시장·군수 등은 법원에 청산인의 선임을 청구할 수 있다.

⑤ 제1항 또는 제2항에 따라 **조합이 해산을 의결하거나 제3항에 따라 조합설립인가가 취소된 경우 청산인은 지체 없이 청산의 목적 범위에서 성실하게 청산인의 직무**(B)를 수행해야 한다.

(A) '이전고시'의 법적 효력 : 등기 없이 소유권 취득

우리 민법 제186조는 부동산 권리 변동을 위해 등기를 요건으로 한다. 하지만 법 제86조 제2항은 특별법으로서 **고시일의 다음 날**이라는 시점을 못 박아, 등기 없이도 법률의 규정에 의해 소유권이 이전되도록 규정하고 있다. 이는 수천 세대의 권리를 일제히 확정해 법적 혼란을 막기 위한 정비사업만의 독특하고 강력한 법적 장치다.

그러나 이전고시가 되었다 하더라도 권리 행사에 제한이 있음을 유의해야 한다. 즉, 이전고시가 나면 분양권은 소유권으로 변해 고시 다음 날에 내 소유가 되지만, 실제 등기부등본에 내 이름이 올라가기까지는 수개월이 걸릴 수 있다. 이 기간 동안에는 은행의 일반적인 주택담보대출 실행이 제한될 수 있다.

(B) 해산 총회 소집은 '청산금' 정산의 시작

입주를 마치면 많은 조합원이 사업이 끝났다고 생각하지만, 진짜 마지막은 제86조의2에 따른 **해산 및 청산**이다. 최근 법 개정으로 '1년 이내 해산 총회 소집'이 의무화되었다. 이는 조합장이 정당한 사유 없이 해산을 미루며 조합 운영비를 낭비하는 것을 막기 위한 것이다. 해산이 결정되어야 비로소 남은 돈을 나누어 주는 청산 절차로 들어갈 수 있다.

깨끗한 사업의 파수꾼 : 조합 임원의 윤리와 법적 의무

1. 조합 임원의 역할과 구성

조합 임원은 조합을 대표하고 사업을 이끄는 핵심 브레인이다. 크게 조합장, 이사, 감사로 나뉜다.

- **조합장** : 조합을 대표하고 모든 사무를 총괄한다. 각종 회의의 의장이 되어 사업의 방향을 결정하고 시공사 선정, 인허가 관리 등 전 과정을 책임진다.
- **이사** : 이사회의 구성원으로서 조합 운영에 필요한 주요 안건을 심의하고 결정한다.
- **감사** : 조합의 업무 집행과 재산 상태를 감시한다. 단순히 회계를 보는 수준을 넘어, 조합장이 법을 어기지는 않는지 지켜보는 법적 파수꾼이다. 만약 조합장 또는 이사와 조합 사이에 소송이나 계약이 발생하면 감사가 조합을 대표한다.

2. 공무원에 준하는 엄격한 책임(공무원 의제)

조합 임원은 민간인이지만, 벌칙을 적용할 때는 공무원으로 본다(공무원 의제). 이는 이들이 다루는 자금과 사업의 성격이 공공성을 띠기 때문이다. 뇌물을 받거나 횡령을 하면 일반적인 범죄보다 훨씬 무거운 처벌을 받게 된다. 이는 "조합 임원은 공직자만큼 청렴해야 한다"라는 법의 강력한 의지다.

3. 반드시 지켜야 할 법적 의무

금품 및 향응 수수 금지 : 시공사 선정이나 업체 계약과 관련해 돈이나 대접을 받는 행위는 절대 금물이다. 위반 시 최고 5년 이하의 징역형에 처할 수 있다.

- **겸업 금지** : 공정성을 위해 같은 목적의 정비사업을 하는 다른 조합의 임원이나 직원을 겸할 수 없다.
- **교육 이수 의무**(2025년 11월 시행) : 임원으로 선임된 날부터 6개월 이내에 반드시 지자체에서 실시하는 운영 및 윤리 교육을 12시간 이상 받아야 한다. 전문성을 높여 사업 지연을 막고 비리를 예방하기 위한 조치다.

4. 잘못했을 때 받는 제재와 처벌

정비사업조합의 임원이 그 직무를 소홀히 하거나 법을 어기면 여러 가지 제재가 따른다.

- **해임** : 조합원 1/10 이상의 요구로 소집된 총회에서 과반수 출

석과 과반수 동의로 임원을 자리에서 물러나게 할 수 있다.

- **행정 처분** : 구청이나 시청은 법 위반 시 공사 중지, 임원 교체 권고 등을 명령할 수 있다.

- **형사 처벌** : 총회 의결 없이 마음대로 조합원에게 부담이 되는 계약을 체결하면 일정한 처벌을 받을 수 있다. 또한 정보 공개 의무를 어기거나 서류를 거짓으로 작성해도 처벌 대상이다.

Q1. 조합 임원이 뇌물을 받으면 어떤 처벌을 받는가?

A. 형법상 뇌물죄가 적용되며, 일반인보다 훨씬 무거운 공무원 수준의 처벌을 받는다. 수수 금액에 따라 가중 처벌되며, 당연히 임원 자격도 박탈되고 향후 수년간 정비사업 관련 업무를 맡을 수 없게 된다.

Q2. 일을 못 한다는 이유만으로 임원을 해임할 수 있는가?

A. 법적 위반이 없더라도 조합원들이 신뢰를 거둔다면 절차에 따라 해임이 가능하다. 조합원 1/10 이상의 발의와 총회 의결이라는 민주적 절차를 거치면 된다.

Q3. 2025년부터 시행되는 교육을 안 받으면 어떻게 되는가?

A. 법정 의무 교육이므로 이수하지 않을 경우, 1,000만 원 이하의 과태료가 부과되거나, 임원 자격 유지에 문제가 생길 수 있다. 신규 임원뿐만 아니라 연임하는 임원도 대상이 되므로 반드시 확인해야 한다.

Q4. 조합장이 자기 친척 업체와 계약을 맺는 것은 불법인가?

A. '이해충돌'의 소지가 매우 크다. 도시정비법과 일반적인 조합

의 정관은 공정한 업체 선정을 강조한다. 사적 이해관계가 있는 경우 이를 사전에 신고하고 의결 과정에서 배제되는 등의 엄격한 행동 강령을 준수해야 하며, 이를 어길 경우, 해임 사유나 배임죄가 성립될 수 있다.

"조합 임원의 자리는 '권력'이 아니라 '무거운 멍에'다."

1. **'공무원 의제'의 무서움을 인식** : '내 돈 들여서 내 집 짓는데 좀 어때?'라는 생각은 금물이다. 법은 조합의 임원을 공무원으로 본다. 사소한 식사 대접이나 선물 하나가 사업 전체를 멈추게 하고 인생을 바꿀 수 있으므로 매사에 신중해야 한다.

2. **기록과 공개가 최고의 방어 수단** : 나중에 문제가 생겼을 때 임원을 지켜주는 것은 결국 투명한 기록이다. 모든 회의록과 계약 서류를 법정 기한 내에 공개하고 보관하는 습관이 불필요한 오해와 법적 분쟁을 막아준다.

3. **전문 지식은 선택이 아닌 필수** : 착한 마음만으로는 사업을 성공시킬 수 없다. 2025년부터 의무화되는 윤리 교육 외에도 스스로 계속해서 개정되는 법령을 공부해야만 협력업체에 휘둘리지 않고 조합원의 이익을 지킬 수 있다.

법령으로 찾아보는 조합 임원의 윤리

제135조(벌칙) 다음 각 호의 어느 하나에 해당하는 **자는 5년 이하의 징역 또는 5,000만 원 이하의 벌금**(A)에 처한다.

1. 제36조에 따른 토지등소유자의 서면동의서 또는 전자서명동의 서를 위조한 자

2. 제132조 제1항 각 호의 어느 하나를 위반해 금품, 향응 또는 그 밖의 재산상 이익을 제공하거나 제공의사를 표시하거나 제 공을 약속하는 행위를 하거나 제공을 받거나 제공의사 표시를 승낙한 자

제115조(교육의 실시) ① 국토교통부장관, 시·도지사, 시장, 군수 또는 구청장은 추진위원장 및 감사, 조합임원, 전문조합관리인(이하 "조합 임원 등"이라 한다), 정비사업전문관리업자의 대표자 및 기술인력, 토 지등소유자 등에 대해 대통령령으로 정하는 바에 따라 교육을 실 시할 수 있다.

② 국토교통부장관, 시·도지사, 시장, 군수 또는 구청장은 대통령 령으로 정하는 바에 따라 조합임원 등에게 추진위원회 또는 조합 의 운영과 관련해 필요한 교육 및 윤리교육을 실시해야 한다. 이 경우 조합임원 등은 제31조, 제41조 또는 제45조에 따라 그 직으 로 선임(연임을 포함한다) 또는 선정된 날부터 6개월 이내에 그 **교육 을 이수해야 한다**(B).

(A) 정비사업 임원에게 '공무원 수준'의 청렴성을 요구하는 이유

법 제135조가 규정하는 5년 이하의 징역은 형법상 뇌물죄에 준하는 매우 무거운 처벌이다. 정비사업은 수천억 원의 공적 자금이 투입되고 수많은 주민의 재산권에 직접적인 영향을 미치기 때문에, 조합 임원을 사실상 공무원과 다름없는 엄격한 잣대로 관리하겠다는 법적 의지가 담겨 있다. 특히 '전자서명동의서 위조'를 벌칙 1순위로 둔 것은 디지털 시대의 투명성을 확보하기 위한 것이다.

(B) 교육 이수 의무는 '귀찮은 절차'가 아니라 '강력한 방패'

정비사업 현장에서 조합 임원들이 법을 어기는 경우 중 상당수는 잘 모르기 때문에 발생한다. 제115조에 따른 6개월 이내 교육 이수가 의무화된 배경이기도 하다. 이 교육을 제때 받지 않으면 지자체로부터 시정 명령을 받거나 조합 운영의 정당성을 공격받는 빌미가 된다. 교육을 통해 최신 법령과 판례를 숙지하는 것 자체가 조합원들로부터 '전문성 있는 집행부'라는 신뢰를 얻는 가장 빠른 길이다.

특별
부록

실전 대비
툴킷(Toolkit)

정비사업 성공을 위한 조합원 십계명

1. 아는 것이 곧 돈이다 : 공부를 멈추지 마라

정비사업은 '법'으로 시작해 '숫자'로 끝난다. '조사관 철준이'로 요약되는 사업 절차와 비례율, 분담금의 원리를 스스로 이해해야 한다. 모르면 속고, 알면 내 재산을 지킬 수 있다.

2. 참여 없는 권리는 없다 : 총회와 회의에 반드시 참석하라

나의 한 표가 수천억 원의 공사비와 내 집의 층수를 결정한다. 바쁘다는 핑계로 무관심해서는 안 된다. 내용 검토를 통해 최소한 서면결의서를 작성해서 보내고, 가급적이면 서면결의서만 보내지 말고, 직접 현장에 나가 집행부의 설명을 듣고 질문하라. **참여가 저조한 사업지는 배가 산으로 가기 마련이다.**

3. 속도는 곧 수익이다 : 발목 잡기보다 대안을 제시하라

정비사업에서 가장 무서운 적은 '시간'이다. 사업이 1년 지연될 때마다 수백억 원의 금융 이자가 조합원의 분담금으로 돌아온다. 무조건적인 반대보다는 사업을 앞당길 수 있는 합리적인 대안을 제시하는 것이 영리한 투자다.

4. 숫자의 함정을 경계하라 : '확정'이라는 말에 현혹되지 마라

사업 초기의 비례율과 분담금은 어디까지나 '추정치'다. 공사비 인상, 금리 변동, 정책 변화에 따라 숫자는 언제든 바뀔 수 있음을 인정하고 보수적인 자금계획을 세우자.

5. 집행부를 감시하되 신뢰하라 : 투명성이 최고의 무기다

조합 집행부는 나의 대리인이다. 제124조에 따른 정보공개 의무를 제대로 이행하는지 꼼꼼히 감시하라. 투명하게 운영되는 조합이라면 적극적으로 힘을 실어주어야 사업에 탄력이 붙는다.

6. 내 집의 가치는 상대적이다 : 감정평가액에 일희일비하지 마라

내 집 평가액이 낮게 나왔다고 좌절할 필요는 없다. 정비사업은 파이 나누기의 방식과 유사하다. 전체 비례율 속에서 내 재산의 상대적 지분(권리가액)이 얼마인지를 파악하는 것이 실질적인 자산 가치를 측정하는 기준이다.

7. 비대위와 집행부, 양쪽의 말을 다 들어라 : 균형 잡힌 시각을 가져라

한쪽의 정보만 편식하면 눈이 가려진다. 갈등이 생겼을 때 양측의 주장을 법리와 숫자로 냉정하게 비교해보자. 감정적인 싸움에 휘말리는 순간, 사업은 멈추고 피해는 오롯이 조합원의 몫이 된다.

8. 프리미엄의 본질은 '설계'에 있다 : 미래의 가치를 보라

지금 당장 공사비 몇백만 원을 아끼는 것보다 10년 뒤에도 랜드마크가 될 수 있는 고품격 설계와 커뮤니티를 확보하는 것이 중요하다. **품격 있는 아파트가 결국 더 높은 자산 가치로 보답한다.**

9. 청렴이 가장 빠른 길이다 : 부정청탁의 유혹을 물리쳐라

시공사나 업체로부터 받는 작은 호의는 결국 조합원의 부담으로 돌아온다. '깨끗한 수주'와 '투명한 계약'이 담보되지 않은 사업은 결국 법적 분쟁으로 인해 멈추게 된다. 깨끗한 사업지가 가장 빨리 입주한다.

10. 끝날 때까지 끝난 게 아니다 : 해산과 청산까지 챙겨라

입주가 끝이 아니다. 이전고시를 통해 소유권을 확실히 확보하고, 조합이 신속히 해산해 남은 돈(환급금)을 돌려줄 때까지 관심을 가져야 한다. 마지막 단추를 잘 끼워야 진정한 성공이다.

실전 학습
– 정비사업 8단계 절차 완벽 마스터

"정말로 추천하는 조사관 철준이!"

성명 : _____

점수 : _____ /100점

◆ 객관식 정리

[PART 1] 기초 : 순서와 명칭(1~4번)

01. 정비사업의 가장 첫 번째 단추로, 우리 동네가 사업 대상지임을 알리는 '정' 단계의 명칭은 무엇일까?

① 정비계획 수립 및 정비구역 지정

② 정비기반시설 설치

③ 정관 작성 및 공고

④ 정기 조합 총회 개최

02. '추' 단계는 조합을 만들기 전, 사업을 이끌어갈 임시 조직을 만드는 과정이다. 이것은 무엇일까?

① 추진계획 수립

② 추진위원회 구성

③ 추첨 분양 공고

④ 추가분담금 산정

03. 정비사업의 핵심 주체인 '조합'이 법적 지위를 얻기 위해 시장·군수 등에게 받는 이것은 무엇일까?

① 조합설립 신고

② 조합설립인가

③ 조합원 명부 작성

④ 조합원 권리 확정

04. 유능한 조사관 철준이가 아파트를 어떻게 지을지 '설계도'를 확정받는 '사' 단계의 명칭은 무엇일까?

① 사후 환경영향평가

② 사업부지 매입계획

③ 사업시행계획인가

④ 사전 분양 안내

05. '조·사·관'의 마지막인 '관' 단계는 '돈 정산'의 핵심입니다. 이 단계의 명칭은 무엇일까?

① 관할 구역 확정

② 관리비 산정계획

③ 관리처분계획인가

④ 관제시설 설치계획

06. 다음 중 '조·사·관'(핵심 인허가 3단계)의 올바른 순서는 무엇일까?

① 조합설립인가 → 관리처분계획인가 → 사업시행계획인가

② 사업시행계획인가 → 조합설립인가 → 관리처분계획인가

③ 조합설립인가 → 사업시행계획인가 → 관리처분계획인가

④ 관리처분계획인가 → 사업시행계획인가 → 조합설립인가

07. 공사를 위해 건물을 부수는 '철'(철거) 단계는 반드시 어느 단계가 통과된 후에 가능할까?

① 조합설립인가(조)

② 사업시행계획인가(사)

③ 관리처분계획인가(관)

④ 정비구역 지정(정)

08. 공사가 완공되어 "이제 입주해도 좋습니다"라는 국가의 승인을 받는 '준' 단계의 명칭은 무엇일까?

① 준비공사 완료

② 준공인가(공사 완료 고시)

③ 준공 전 사전 점검

④ 준법 사업 확인

09. 정비사업의 마침표로, 새 아파트의 소유권을 나에게 넘겨주는 '이' 단계의 명칭은 무엇일까?

① 이전고시

② 이주 완료 신고

③ 이익 배분 고시

④ 이사 당일 확정

10. [종합] '조사관 철준이' 암기법에 따른 8단계 전체 절차가 바르게 나열된 것은 어떤 것일까?

① 정-추-조-사-관-철-준-이

② 정-추-사-조-관-철-준-이

③ 정-조-추-관-사-철-준-이

④ 정-추-조-관-사-철-준-이

정답 및 해설

문항	정답	해설
01	①	정비구역 지정이 되어야 모든 사업이 시작된다.
02	②	조합설립 전에는 추진위원회가 사업을 이끈다.
03	②	조합은 구청장의 조합설립인가를 받아야 법인격이 생긴다.
04	③	사업시행계획은 건축 설계와 층수 등을 확정하는 '건축 허가'다.
05	③	관리처분계획은 누가 무엇을 가질지 정하는 '재산 배분' 단계다.
06	③	조합이 생겨야 사업계획을 짜고, 관리처분(돈 계산)을 한다.
07	③	돈 계산(관)이 끝나야 집을 부수고(철) 공사를 할 수 있다.
08	②	준공인가가 나야 법적으로 건물을 사용할 수 있다.
09	①	이전고시 다음 날, 나는 새 아파트의 진짜 주인이 된다.
10	①	정·추·조·사·관·철·준·이!(조사관 철준이 성공!)

Q1. 우리가 정비사업의 절차를 단순 나열하지 않고 '조사관 철준이'라는 캐릭터로 묶어서 외우는 가장 큰 이유는 무엇일까?

① 단순히 글자 수가 8글자라 맞추기 위해서

② 정비사업이 '서류상 행정 단계'와 '실제 물리적 집행 단계'로 나뉨을 이해하기 위해서

③ 시공사 이름을 외우기 쉽게 하기 위해서

④ 재개발과 재건축의 법적 근거가 다르기 때문에

[해설] 정답은 ②. '조사관'은 서류로 승부하는 인허가 단계를, '철준이'는 현장에서 몸으로 부딪치는 실행 단계를 상징한다. 이 구분을 통해 사업의 성격 변화를 이해할 수 있다.

Q2. 암기법 중 '조·사·관'(조합설립인가-사업시행계획인가-관리처분계획인가) 세 단계를 유능한 '조사관'이라는 하나의 단어로 묶어서 강조하는 실무적인 이유는 무엇일까?

① 이 세 단계가 정비사업 중 가장 짧게 걸리는 구간이라서

② 이 세 단계가 조합원의 재산권과 분담금이 결정되는 가장 핵심적인 '인허가' 구간이라서

③ 조사관이라는 직업이 정비사업 조합장보다 권한이 크기 때문에

④ 이 단계에서는 공사 현장에 아무도 출입할 수 없기 때문에

[해설] 정답은 ②. 조합원이 되고(조), 집을 설계하고(사), 내 몫을 배정

받는(관) 이 세 단계에서 모든 법적 분쟁과 재산권 변동이 일어난다. 그래서 마치 '조사관'처럼 꼼꼼히 따져야 한다는 의미를 담고 있다.

Q3. 암기법의 후반부인 '철·준·이'(철거-준공-이전고시) 단계에서 '철(철거)' 단계가 '관(관리처분계획인가)' 단계 바로 뒤에 오는 논리적인 근거로 옳은 것은?

① 철거를 먼저 해야 돈 계산을 정확히 할 수 있기 때문에

② 관리처분계획인가를 통해 '돈 정산'이 확정되어야 비로소 기존 집을 부술 법적 권한이 생기기 때문에

③ 준공을 빨리하기 위해서는 철거를 가장 먼저 해야 하기 때문에

④ 철거업체가 조사관보다 계급이 높기 때문에

[해설] 정답은 ②. 관리처분계획인가가 나야 기존 주택의 '사용·수익'이 정지되고 철거가 가능해진다. 즉, 행정이 끝나야 물리적 파괴가 가능하다는 인과관계를 묻는 문제다.

Q4. 마지막 '이(이전고시)' 단계를 '이사'나 '입주'라는 단어 대신 '이전고시'로 외워야 하는 이유는 무엇일까?

① '이사'라는 단어는 너무 흔해서 전문성이 없어 보이기 때문에

② 실제 이사는 '철'(철거) 단계 전후에 이루어지며, '이전고시'는 소유권이 법적으로 '이전'되는 최종 법적 절차이기 때문에

③ 이전고시를 해야만 관리비가 감면되기 때문에

④ 철준이라는 이름과 운율을 맞추기 위해서

[해설] 정답은 ②. 많은 학생이 '이'를 '이사'로 착각하지만, 이사는

사업 중반에 일어난다. '이전고시'는 내 이름으로 등기가 넘어오는 법적 종착역임을 명확히 구분해야 한다.

◆ 주관식 정리 : 빈칸 채우기

다음의 암기 글자를 보고 괄호 안에 정확한 정비사업 절차 명칭을 적어넣어 보자.

암기 글자	정비사업 절차 명칭	한 줄 요약
정	( )	우리 동네를 정비구역으로 딱! 정함
추	( )	사업을 이끌 '준비 팀'을 만듦
조	( )	주민들이 모여 공식 '조합' 배를 띄움
사	( )	아파트를 어떻게 지을지 '설계도' 허가받음
관	( )	내 집 가치와 새집 값을 계산해 '돈 정산'함
철	( )	낡은 집을 부수고 공사를 시작함
준	( )	아파트 완공! '이제 살아도 좋아요' 승인함
이	( )	내 이름으로 '소유권'을 넘겨받음

재개발 재건축
마스터 로드맵

제1판 1쇄 2026년 4월 15일

지은이 구찬림, 이강용, 이욱재, 이인영
펴낸이 허연   **펴낸곳** 매경출판㈜
기획제작 ㈜두드림미디어
책임편집 최윤경   **디자인** 김진나(nah1052@naver.com)
마케팅 한동우, 박소라, 김영관

매경출판㈜
등록 2003년 4월 24일(No. 2-3759)
주소 (04557) 서울시 중구 충무로 2(필동 1가) 매일경제 별관 2층 매경출판㈜
홈페이지 www.mkbook.co.kr
전화 02)333-3577
이메일 dodreamedia@naver.com(원고 투고 및 출판 관련 문의)
인쇄·제본 ㈜M-print 031)8071-0961

ISBN 979-11-6484-874-4 (03320)